AF453978

L'APOLLYON

ET LE GOG

DE L'APOCALYPSE,

OU

LA RÉVOLUTION FRANÇAISE

PRÉDITE

PAR S. JEAN L'ÉVANGÉLISTE.

QUATRIÈME ÉDITION,

Corrigée et augmentée.

Et habebant super se regem Angelum abyssi cui nomen hebraïcè Abaddon, græcè autem Apollyon, latinè habens nomen Exterminans. Apoc. VIII, 11.

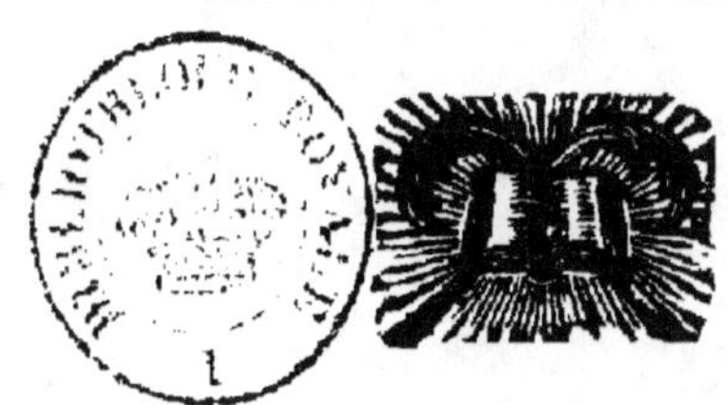

A LYON,

Chez RUSAND, Imprimeur du Clergé, rue Merciére, N.° 26.

===

1816.

INTRODUCTION.

L'Apocalypse est l'histoire allégorique de l'Eglise militante, depuis son origine jusqu'à la fin des siècles. Tel est le sentiment des SS. Pères et des Docteurs, dont le monde entier prononce le nom avec respect. (S. Jérôme, *l.* 1, *Cont. Jovin.*)

« L'Apocalypse contient un nombre » infini de mystères, qui regardent les » temps à venir. » (S. Augustin, *de civit. Dei, l.* 2, *c.* 8.)

« L'Apocalypse est une prophétie » de ce qui doit arriver, depuis le » premier avènement de J. C. sur la » terre, jusqu'à son second avènement » au dernier jour. » (Tertulien, *de resur. car. c.* 15.)

« L'ordre des temps est montré au » long dans l'Apocalypse, *in Apoca-* » *lypsi ordo temporum sternitur.* »

Appuyés sur des autorités si respectables, nous avons pris pour guides les plus habiles interprètes, et nous sommes entrés dans ce sanctuaire des révélations divines, pour y chercher la prophétie des malheurs mémorables arrivés à l'Eglise, et des calamités qui ont affligé notre patrie et toute l'Europe. On ne manquera pas de nous accuser de témérité, pour avoir osé porter nos pas dans un sanctuaire si auguste et si redoutable. Nous répondrons que, bien que l'entrée en soit fermée par un voile, Dieu n'a point défendu à ses adorateurs d'y pénétrer, pourvu que ce ne soit point une vaine curiosité, mais l'amour de la vérité qui les y conduise.

Un certain pressentiment semble nous avertir que nos recherches n'ont pas été vaines. Au premier coup-d'œil on ne sera pas frappé de l'éclat de la vérité que nous croyons avoir découverte ; mais avec le temps elle percera, et les fidèles seront consolés d'apprendre que le terme que la sagesse éternelle a fixé à nos longues douleurs, est arrivé, et que les maux qui existent encore, ne sont autre chose que l'agitation des flots après l'orage.

L'APOLLYON

DE

L'APOCALYPSE.

I.

Les sept Signes prophétiques.

Tant et de si grands événemens, dont nous avons été témoins, ne sont-ils pas assez fameux, pour mériter d'avoir une place dans les écrits des hommes inspirés ? Les Prophètes, qui ont annoncé tous les faits principaux arrivés dans le monde, auroient-ils omis de prédire l'étonnante révolution, qui a si horriblement bouleversé l'Eglise et toute l'Europe ? non sans doute. Consultons les Livres saints, et nous y trouverons des traits frappans de lumière sur l'origine, les progrès et la punition de la secte impie, qui a causé des ravages si affreux et dans l'ordre de la Religion, et dans l'ordre de la société.

Dès que l'on parle de l'Apocalypse, la première pensée qui vient dans l'esprit d'une infinité de personnes, c'est de se rappeler que les plus grands génies ont échoué dans l'interprétation de ce Livre mystérieux. On pense généralement qu'il est impénétrable, incompréhensible. Gardez-vous de partager un pareil préjugé. S'il étoit réellement inexplicable, à quoi serviroit-il, et pourquoi le Saint-Esprit l'auroit-il inspiré ? De quel usage pourroit-il être aux Fidèles, si personne n'étoit en état de découvrir les vérités qu'il renferme ? Comment S. Jean auroit-il pu dire au commencement de sa révélation : Heureux celui qui lit et qui écoute les paroles de cette prophétie, et qui met en pratique ce qu'elle renferme ? Donc il est possible de le comprendre. Il est vrai que la plupart des interprètes, qui ont entrepris de l'expliquer, se sont égarés dans leurs conjectures : c'est que l'on a compris trop tard, que n'étant composé que d'allégories et d'emblèmes prophétiques, il ne devient intelligible qu'à mesure que les évènemens, qu'il annonce, se préparent et s'accomplissent. Par cette même raison, il seroit encore téméraire aujourd'hui de vouloir l'expliquer en son entier. Il n'en est pas moins certain que les savans, qui ont écrit sur ce Livre admirable, ont tous découvert de grandes vérités. A force de méditation et de travail on est parvenu à en trouver la véritable clef ; la voici :

Dans l'Apocalypse tout marche par sept ; les sept Eglises de l'Asie, les sept sceaux du Livre mystérieux, les sept trompettes qui annoncent des calamités, les sept coupes de la colère de Dieu. Sous ces divers emblèmes l'apôtre S. Jean dépeint les principales situations de l'Eglise militante, à sept époques différentes qui doivent se succéder jusqu'à la fin des siècles ; de sorte que toute la durée de l'Eglise, depuis son établissement sur la terre jusqu'à sa glorification dans le ciel, est divisée en sept âges. Or, ce qui est renfermé sous les quatre premiers sceaux, ce qui est annoncé pas les quatre premières trompettes, ce qui est désigné par les quatre premières coupes, ce qui est figuré par les quatre premières Eglises de l'Asie, est déjà parfaitement accompli. On regrette de ne pouvoir ici vous en donner un détail abrégé ; vous seriez frappés de la précision avec laquelle S. Jean prédit, par des figures admirables, l'établissement, les combats, les triomphes, les conquêtes de l'Eglise ; la punition des persécuteurs et des peuples païens ; la naissance, les progrès et l'extinction de l'Arianisme ; la destruction de Rome païenne et de l'Empire Romain ; les fureurs et les ravages du Mahométisme ; le schisme des Grecs, tous les événemens les plus célèbres des premiers siècles de l'Eglise.

S'il reste quelqu'obscurité dans certains passages , ce n'est rien en comparaison de la clarté et de l'évidence avec laquelle la plupart des textes sont interprêtés. Veuillez vous contenter de cette notion générale. Un voyageur qui est pressé d'arriver au terme de son voyage , ne peut s'arrêter à observer longtemps les divers objets qui se rencontrent sur sa route. Ainsi , nous n'expliquerons que ce qui concerne le cinquième âge , celui dans lequel nous sommes placés , et qui déjà touche à sa fin.

Tout se réduit à donner l'interprétation du cinquième sceau , de la cinquième trompette , de la cinquième coupe , et de la cinquième Eglise de l'Asie.

I I.

Le Livre mystérieux. *Apoc. C. V.*

SAINT Jean aperçoit un trône dans le ciel , et dans la main droite de celui qui est assis sur le trône, un livre scellé de sept sceaux. Or, il ne se trouve aucune créature, ni dans le ciel, ni sur la terre, ni dans les abîmes, capable de l'ouvrir. Alors un agneau portant les marques de sa récente immolation , ayant sept yeux et sept cornes , paroît debout sur le trône de la divinité, et ouvre le Livre mystérieux.

Il est d'abord visible que ce Livre renferme les desseins du Très-Haut, impénétrables à toute intelligence créée ; c'est pour cela qu'il ne se trouve, dans toute l'étendue de la création, aucun être capable de rompre les liens qui le tiennent fermé. Les sceaux sont au nombre de sept, parce que le Livre renferme les desseins de Dieu sur son Eglise à sept époques principales. L'agneau portant les marques de son immolation, c'est J. C. Il se tient debout sur le trône, parce qu'il est le Fils de Dieu. Il a sept yeux, symbole de sa Providence qui veille sur l'Eglise pendant toute la durée des sept âges ; il a sept cornes, symbole de sa puissance qui fera triompher son Eglise dans les sept principales situations qui doivent modifier son existence sur la terre.

Comme il n'entre point dans notre plan d'expliquer ce qui est renfermé sous les quatre premiers sceaux, nous passerons de suite à l'ouverture du cinquième. Voici le texte littéral suivi de l'interprétation.

I I I.

Ouverture du cinquième sceau. *C. VI.*

9. *Er cùm apperuisset sigillum quintum, vidi subtus altare animas interfectorum propter verbum Dei, et propter testimonium quod habebant.*

« L'agneau ayant ouvert le cinquième sceau,
» je vis sous l'autel les ames de ceux qui
» avoient souffert la mort pour la parole de
» Dieu, et à cause du témoignage qu'ils
» avoient rendu à la vérité. »

Il est évident, d'après ce texte, que la cinquième époque sera pour l'Eglise un temps de persécutions et de calamités. Elle avoit joui de la paix pendant une longue suite de siècles; du moins si elle avoit eu constamment quelques combats à soutenir, très-peu de ses enfans avoient souffert le martyre; mais voilà que le sang des Chrétiens fidèles commence à couler, comme dans les premiers siècles. S. Jean aperçoit les ames des nouveaux martyrs sous l'autel, pour signifier qu'ils ont été immolés à la gloire de la Religion, comme des victimes offertes en holocauste. Vous verrez bientôt que ce sont les victimes immolées par le glaive de l'hérésie et de la philosophie.

10. *Et clamabant voce magnâ dicentes : Usquequò, Domine , Sanctus et verus , non ludicas, et non vindicas sanguinem nostrum de iis qui habitant in terra ?*

« Et ils crioient d'une voix forte en disant :
» Seigneur, qui êtes le Saint et le véritable,
» jusques à quand différerez - vous de faire
» éclater votre justice et votre vengeance
» contre les habitans de la terre , qui ont
» répandu notre sang ? »

Est-il rien de plus juste que ces plaintes des martyrs ? Seigneur , laisserez-vous encore long-temps impunis les traitemens sanglans et atroces exercés contre les fidèles enfans de votre Eglise ? Vous êtes la sainteté et la vérité même : vous avez annoncé qu'il viendra un jour terrible, où les impies seront confondus et punis comme ils le méritent. Quand est-ce donc que vous rétablirez l'ordre véritable ? Le jour de votre justice est - il encore bien éloigné ?

11. *Et datæ sunt illis singulæ stolæ albæ : et dictum est illis ut requiescerent adhuc*

tempus modicum, donec compleantur conservi eorum, et fratres eorum, qui interficiendi sunt sicut et illi.

« Et on leur donna à chacun une robe blan-
» che, et il leur fut dit, qu'ils attendissent
» en paix encore un peu de temps, jusqu'à
» ce que fût rempli le nombre de leurs col-
» légues et de leurs frères, qui devoient être
» mis à mort comme eux. »

On leur donna à chacun une robe blanche, symbole de la félicité suprême dont ils sont mis en possession, en attendant le grand jour des vengeances du Seigneur. Le nombre de ceux qui doivent rendre témoignage à la Religion, par l'effusion de leur sang, n'est pas encore rempli. Il faut donc que les nouveaux martyrs attendent en paix encore un peu de temps, avant que pleine et entière justice se fasse. Ces paroles sont remarquables, et nous indiquent clairement que la persécution contenue sous le cinquième sceau, sera l'avant-dernière. Il ne restera plus que celle de l'Ante-Christ qui doit paroître sur la fin des temps. C'est lui qui portera l'impiété au plus haut degré d'insolence, et surpassera en malice et en cruauté tous les persécuteurs qui auront paru pendant la durée des âges, et qui doivent être regardés comme ses précurseurs. Alors le nombre des martyrs sera complet et le jugement sera proche. Mais quelle sera l'origine, la nature, les progrès et la fin de la persécution prédite pour le cinquième âge ; c'est ce que va nous annoncer la cinquième trompette.

I V.

Prélude des Trompettes. *Apoc. VIII.*

IMMÉDIATEMENT après que le dernier sceau du Livre mystérieux est ouvert par l'agneau, S. Jean aperçoit que l'on donne aux sept Anges qui se tiennent debout devant le trône, sept trompettes. Un autre Ange arrive, un encensoir d'or à la main, et offre à Dieu l'encens mystique, composé des prières des Saints ; puis remplissant l'encensoir du feu sacré, qui est sur l'autel d'or érigé devant le trône, il le jette sur la terre. Soudain des tonnerres, des voix, des éclairs et un grand tremblement de terre.

Le feu que l'Ange prend dans le ciel, qu'il jette sur la terre, et qui produit un effet si subit et si terrible, c'est le feu de la tribulation, par lequel les serviteurs de Dieu seront éprouvés, comme l'or dans la fournaise. Les trompettes vont annoncer quelles sortes de calamités doivent fondre sur eux. Vous êtes déjà avertis que nous ne parlerons pas des quatre premières. C'est la cinquième qui va sonner. Mais auparavant faites attention aux paroles qui précèdent immédiatement l'intonation de la cinquième trompette.

C. VIII, 13. *Et vidi et audivi vocem unius aquilæ volantis per medium cœli, dicentis voce magnâ : Væ, væ, væ habitantibus in terra, de cæteris vocibus trium Angelorum qui erant tubâ canituri.*

« J'aperçus et j'entendis la voix d'un aigle
» qui voloit par le milieu du ciel, criant avec
» une voix forte : Malheur, malheur, mal-
» heur aux habitans de la terre, à cause du
» son des trompettes dont les trois autres
» Anges doivent sonner. »

Il est visible, d'après ce passage, que les trois dernières trompettes annonceront des calamités extraordinaires, des malheurs plus grands que ceux des siècles déjà écoulés. Remarquez soigneusement que l'Ange qui traverse les airs, pour annoncer ces désastres, a la forme d'un aigle : ne seroit-ce pas pour faire allusion à l'aigle exterminateur, qui va être annoncé par la cinquième trompette, ainsi que vous le verrez , et qui viendra un jour ravager la plus belle portion de l'héritage de l'Eglise ? Jusques à présent vous êtes dans l'attente : encore un instant de patience, et nous arriverons.

V.

Son de la cinquième Trompette.

C. IX. 1. *Et quintus Angelus tubâ cecinit : et vidi stellam cecidisse in terram, et data est ei clavis putei abyssi.*

« Le cinquième Ange sonna de la trom-
» pette, et je vis qu'une étoile tomba du
» Ciel sur la terre, et la clef de l'abyme
» lui fut donnée. »

Sous l'emblème de cette étoile tombée du Ciel sur la terre, les interprètes ont reconnu le trop fameux Martin Luther. Il est désigné sous le nom d'une étoile, parce qu'il étoit Prêtre de l'Eglise Romaine, et de plus, Religieux de l'Ordre de S. Augustin. Or, un homme élevé à la dignité du Sacerdoce, et consacré à Dieu par des vœux solennels, est un flambeau destiné à répandre la lumière et à briller par l'éclat de toutes sortes de vertus, comme une étoile placée sur la mer orageuse de ce monde, pour diriger la route incertaine des navigateurs. Luther, avant sa chûte, avoit, comme tout Ministre catholique approuvé, le pouvoir d'ouvrir le Ciel ; mais depuis son apostasie, il n'eut d'autre pouvoir que celui d'ouvrir l'enfer. La clef de l'abyme lui fut donnée.

2. *Et aperuit puteum abyssi : et ascendit fumus putei, sicut fumus fornacis magnæ : et obscuratus est sol et aër de fumo putei.*

« Elle ouvrit le puits de l'abyme, et il
» s'éleva du puits de l'abyme une fumée sem-
» blable à celle d'une grande fournaise ; et le
» soleil et l'air furent obscurcis de la fumée
» du puits. »

Luther ouvrit les portes de l'abyme infernal, et il en sortit un esprit de nouveauté, d'erreur, de vertige, de séduction ; une vapeur brûlante qui obscurcit le soleil de la vérité, les lumières de la foi, et ternit la pureté de la morale. Bientôt une grande portion de l'héritage de l'Eglise fut embrasée du feu de l'impiété.

3. *Et de fumo putei exierunt locustæ in terram, et data est illis potestas, sicut habent potestatem scorpiones terræ.*

« Et il sortit de la fumée du puits des
» sauterelles, et il leur fut donné une puis-
» sance semblable à celle des scorpions de la
» terre. »

A peine Luther eut arboré l'étendard de
la révolte contre l'autorité de l'Eglise, que
des sectes hérétiques, semblables à des nuées
de sauterelles, se répandirent sur la terre et
se multiplièrent à l'infini. Un seul coup-d'œil
sur l'histoire suffit pour en convaincre l'esprit
le plus incrédule. Or, le venin des fausses
doctrines prêchées par cette multitude de
sectaires, produisit sur les cœurs et les esprits
le même effet que le venin des scorpions de
la terre produit sur les corps. Le venin des
scorpions est mortel, et cause d'effroyables
douleurs.

4. *Et præceptum est illis ne læderent fœnum
terræ, neque omne viride , neque omnem arbo-
rem , nisi tantùm homines qui non habent
signum Dei in frontibus suis.*

« Et il leur fut ordonné de ne point nuire
» à l'herbe de la terre, ni à tout ce qui étoit
» vert, ni aux arbres, si ce n'est aux hommes
» qui n'ont pas le signe de Dieu sur leur
» front. »

Le sens de ce passage saute aux yeux. Les sauterelles ne pouvoient nuire qu'aux plantes qui renfermoient déjà un germe de corruption. L'esprit d'erreur et de séduction n'eut aucune prise sur les arbres ni sur l'herbe verte; c'est-à-dire, sur les Pasteurs et les Fidèles animés des vrais sentimens que la Religion inspire. Ceux-là seuls furent séduits et entraînés, qui n'avoient pas la marque de Dieu sur le front, en qui le flambeau de la foi, de l'espérance et de la charité, étoit presque éteint, et qui avoient déjà au fond de leur cœur un intérêt secret à haïr la vérité.

5. *Et datum est illis ne occiderent eos : sed ut cruciarent mensibus quinque : et cruciatus eorum, ut cruciatus scorpii, cùm percutit hominem.*

« Et on leur donna le pouvoir, non de les
» tuer, mais de les tourmenter durant cinq
» mois; et le tourment qu'elles causent est
» semblable au tourment que cause le scorpion,
» quand il pique l'homme. »

Qu'on lise l'histoire des diverses sectes luthé-riennes et calvinistes, et l'on frémira à la vue des maux affreux qu'elles firent endurer aux Chrétiens fidèles aux vrais principes de la foi : tourmens semblables à la douleur que cause la piqûre du scorpion, cuisans au-delà de tout ce qu'il est possible d'exprimer. Mais bien que la rage des réformateurs fût portée au dernier excès, elle ne put jamais franchir les limites que la Providence avoit fixées à leur puissance. En vain les Princes protestans firent tous les efforts imaginables pour exterminer, dans leurs Etats, la Religion Romaine ; ils furent contraints à rabattre singulièrement de leurs prétentions. Les Catholiques furent considérablement diminués, mais jamais anéantis. Protégés par une Divinité tutélaire, ils surent se maintenir dans toutes les contrées, ainsi que cela est démontré par l'évidence des faits. Le texte sacré ajoute que les sauterelles avoient la puissance de tourmenter les hommes durant l'espace de cinq mois ; point très-important et très-frappant que nous renvoyons un peu plus loin, pour le joindre à un autre semblable.

6. *Et in diebus illis quærent homines mortem , et non invenient eam : et desiderabunt mori , et fugiet mors ab eis.*

« En ce temps-là les hommes chercheront
» la mort , et ils ne la trouveront pas ; et ils
» désireront de mourir , et la mort fuira loin
» d'eux. »

Hélas ! nous qui avons traversé une longue et épouvantable révolution , nous connoissons ce verset par expérience. Nous avons éprouvé combien la vie est amère dans les temps de délire, de fureur et d'impiété. Lorsque les maux sont extrêmes, la mort devient désirable pour une infinité d'hommes qui manquent de courage ; mais trop souvent, quand ils l'oublient , elle aime à les surprendre ; et quand ils l'invoquent dans le malheur , elle s'enfuit loin d'eux.

7. *Et similitudines locustarum, similes equis paratis in prælium : et super capita earum tanquam coronæ similes auro; et facies earum tanquam facies hominum.*

« Et ces espèces de sauterelles ressembloient
» à des chevaux préparés au combat; et sur
» leurs têtes il y avoit comme des couronnes
» qui paroissoient d'or, et leurs visages ressem-
» bloient à des visages d'hommes. »

Reprenons les paroles de ce texte : ces espèces de sauterelles ressembloient à des chevaux préparés au combat. Qui ne connoît les guerres furieuses, sanglantes , désastreuses , suscitées par les sectaires ? Quelle n'étoit point leur ardeur à courir aux armes dès qu'il s'agissoit

de

de soutenir et de propager leurs erreurs, ou de se venger de leurs adversaires ? Combien de torrens de sang ne firent-ils point verser dans une multitude de contrées ? Toute l'Europe étoit en combustion. Elles avoient sur leurs têtes comme des couronnes d'or. Ce n'étoit point de l'or, ce n'étoit que du clinquant. Par ces couronnes brillantées, sont désignés l'orgueil et la présomption des réformateurs. Ils prétendoient réformer l'Eglise, et avoir le droit de faire une infinité de changemens dans tout ce qui concerne les dogmes, la morale, les sacremens, le culte divin, et la succession légitime des Pasteurs. Ils se disoient envoyés du Ciel ; mais ont-ils produit d'autres preuves que des crimes et des scandales ?

Et leurs visages ressembloient à des visages d'hommes. Quel rapport peut-il y avoir entre des sauterelles et des visages d'hommes ? Le même rapport qui existe entre les traits de la vertu et le masque de l'hypocrisie. C'étoit au nom même de la Religion et de la piété, que les nouveaux sectaires se révoltoient contre l'autorité que J. C. avoit établie sur la terre pour gouverner son Eglise. Les beaux masques dont ils se couvroient, ne servoient qu'à mieux faire ressortir leur perversité.

8. *Et habebant capillos sicut capillos mu-*

lierum, et dentes earum, sicut dentes leonum erant.

« Et elles avoient des cheveux comme des
» cheveux de femmes, et leurs dents étoient
» comme des dents de lion. »

Que signifie la première de ces deux allusions,
sinon l'incontinence des prétendus réformés,
leurs inclinations déréglées, leur éloignement
pour la chasteté? Luther, leur patriarche, est
le premier à donner l'exemple le plus scanda-
leux. Méprisant à la fois et la dignité du
sacerdoce dont il étoit revêtu, et les vœux
solennels qu'il avoit prononcés, il ne rougit
pas de se marier ; et pour rendre le scandale
complet, de se marier avec une personne qui
étoit, comme lui, consacrée à Dieu par des
vœux de religion. Quelle monstrueuse immoralité dans un homme qui prétendoit avoir reçu
une mission pour réformer l'Eglise! D'après
la conduite du maître, jugez de celle des
disciples. N'est-ce pas en favorisant les passions
du cœur humain, tant par ses leçons que par
ses exemples, qu'il réussît à se faire une si
prodigieuse multitude de sectateurs? Il étoit
tout naturel que les libertins et ceux qui
avoient un penchant décidé pour le vice, sui-
vissent son parti.

Quant à la deuxième allusion du texte, savoir que les sauterelles avoient des dents comme des dents de lion, qui ne reconnoîtra à ce trait la voracité, la cupidité, l'avarice des sectaires ? Que fait un lion avec ses dents ? il déchire, il met en pièces, il dévore sa proie. Telle étoit leur ardeur insatiable pour dévorer les biens des monastères et des églises qu'ils dépouilloient, qu'ils dévastoient, qu'ils ruinoient de fond en comble.

9. *Et habebant loricas sicut loricas ferreas, et vox alarum earum sicut vox curruum equorum multorum currentium in bellum.*

« Et elles avoient des cuirasses comme des
» cuirasses de fer, et le bruit de leurs ailes
» ressembloit au bruit d'une multitude de
» chariots à plusieurs chevaux qui courent
» au combat. »

Nouveaux traits qui achèvent le portrait des sectateurs de Luther. Les cuirasses de fer désignent leur conscience plastronnée, leur opiniâtreté, leur endurcissement, leur entêtement. Quelqu'un a dit : Ramener un pécheur dans le sentier de la justice, c'est difficile : amener un païen à la connoissance de la vérité, c'est plus difficile ; mais ramener un hérétique dans le sein de l'Eglise, c'est, de tous les miracles de la grâce, le plus difficile. Un autre a exprimé la même vérité par une comparaison sensible. Un Chrétien qui s'est laissé aller aux déréglemens du cœur, et qui n'est que pécheur, ressemble à un miroir terni; il suffit de le laver et de le purifier pour lui rendre son éclat; mais un Chrétien qui a abandonné les vrais principes de la foi, est un miroir brisé : il faut un prodige pour le rétablir dans son premier état. Rien ne résiste plus aux impressions de la grâce que la cuirasse de fer de l'hérésie.

« Et le bruit de leurs ailes ressembloit au bruit d'une multitude de chariots à plusieurs chevaux qui courent au combat. »

L'effet des anciens chariots de guerre étoit de mettre le désordre et la confusion, non-seulement dans l'armée des ennemis, mais très-souvent dans l'armée même à laquelle ils appartenoient. N'est-ce pas la peinture naturelle de l'esprit de turbulence, de trouble, de révolte, de sédition, de confusion, que manifestoient les disciples de Luther et de ses imitateurs, par-tout où ils paroissoient? Quel bruit! quel tapage! quels désordres! quels bouleversemens! il faut avoir lu leur histoire pour en avoir une idée : du reste, il suffit de nous rappeler ce que nous avons vu.

Nous voici enfin arrivés au texte qui a fourni le titre à ce petit Ouvrage : désormais notre marche ne sera pas si rapide. Jusqu'à présent nous avions le secours, ou plutôt nous n'avons été que l'écho des interprètes ; mais actuellement nous entrons dans une carrière plus inconnue. Il faudra nous arrêter à chaque parole et l'approfondir, pour en pénétrer la véritable signification. Heureux celui qui aura l'œil assez perçant pour distinguer clairement la vérité cachée derrière les nuages ! C'est un peu difficile ; mais avec le secours de Dieu, nous en viendrons à bout.

V I.

Finale de la cinquième Trompette.

10. *Et habebant caudas similes scorpionum , et aculei erant in caudis earum ; et potestas earum nocere hominibus mensibus quinque , et habebant super se.*

11. *Regem angelum abyssi , cui nomen hebraïcè Abaddon , græcè autem Apollyon , latinè habens nomen Exterminans.*

» Et elles avoient des queues semblables
» à celles des scorpions , et des aiguillons
» étoient dans leurs queues ; et elles avoient

» la puissance de nuire aux hommes durant
» cinq mois : et elles avoient pour roi l'ange
» de l'abîme, appelé en hébreu Abaddon, en
» grec Apollyon, et en latin *Exterminans.*»

Tous les interprêtes, qui ont écrit sur
l'Apocalypse, ayant existé avant la Révolution
française, ont appliqué purement et simplement aux hérétiques des derniers temps, le
passage qui termine la cinquième Trompette.
Ils en auroient sans doute jugé autrement,
s'ils eussent été témoins des évènemens qui se
sont passés sous nos yeux. C'est par la même
raison qu'ils n'ont pas compris le sens de la
cinquième Coupe, qui étoit inintelligible pour
eux, et qui devient frappante pour nous, ainsi
que vous le verrez.

« Et elles avoient des queues semblables
à celles des scorpions. »

Nous avons déclaré plus haut, et nous ré-
pétons ici, qu'en appliquant l'allégorie des sauterelles à l'hérésie de Luther et aux sectes
innombrables qu'elle a enfantées, nous n'avons
été que l'écho des écrivains qui ont composé
les ouvrages les plus savans et les plus estimés
sur l'Apocalypse. D'ailleurs tout homme versé
dans l'histoire de la réformation, sera forcé

de convenir que, dans la suite des textes allégoriques que nous avons expliqués, il n'en est pas un seul qui ne s'applique aux sectaires de la manière la plus exacte et la plus naturelle. Ce n'est donc pas une témérité de conclure hardiment que les sauterelles désignent les hérétiques des derniers temps.

Maintenant il s'agit de vous montrer que les queues des sauterelles, ce sont les philosophes ; ou, pour parler avec plus de précision, que la queue de l'hérésie, c'est la philosophie. Or, écoutez :

Les défenseurs de la vérité, notamment Bossuet, avoient prédit aux hérétiques qu'une incrédulité totale deviendroit le funeste résultat de leur révolte contre l'autorité de l'Eglise ; qu'à force de dogmatiser, on se diviseroit à l'infini, et qu'après avoir nié les vérités prises séparément, on finiroit par les nier toutes à la fois. L'accomplissement de cette prédiction est trop visible, pour qu'il soit utile de nous arrêter à le prouver.

A peine les erreurs de Luther, de Calvin et de leurs nombreux imitateurs, furent frappées d'anathême dans le Concile de Trente, que l'esprit d'impiété commença à changer ses batteries. On sentit assez généralement qu'il est absurde de professer des dogmes, et de ne pas admettre une autorité pour diriger la croyance. Que faire ? Rentrera-t-on sous le joug de l'obéissance ? Et pourquoi ? N'est-il pas un autre moyen de se tirer d'embarras ? Qu'est-il nécessaire de disputer sur l'autorité du Pape et des Evêques ; sur le nombre et la nature des Sacremens ; sur les divers objets relatifs au culte divin ; sur les pratiques austères de la Religion ? N'est-il pas plus simple de saper le Christianisme par sa base ? De faire écrouler tout l'ensemble de l'édifice ? Ce parti étoit plus impie , mais aussi plus conforme aux règles du bon sens. Quand on veut détruire un arbre, n'est-il pas plus simple de le couper par la racine, que de couper ses branches les unes après les autres ? Bientôt on voit paroître des ouvrages qui renferment les premiers germes de l'incrédulité moderne ; des écrits plus hardis leur succèdent : enfin on tranche le mot.

La Religion chrétienne n'est qu'un tissu de fables. Cette doctrine abominable se propage, non-seulement parmi les sectaires , mais encore parmi les mauvais catholiques , dont les mœurs démentoient la croyance. La Foi est regardée comme une foiblesse d'esprit , et voilà la philosophie sur pied. Cependant elle n'ose pas encore entièrement lever le masque. Se trouvant en contradiction avec l'antique croyance de tous les peuples , elle ne se découvre qu'avec précaution : elle juge qu'il est prudent de donner ses leçons dans l'ombre de la nuit, dans le secret des ténèbres. De-là l'origine des sociétés secrètes, connues sous le nom de la Franc-maçonnerie. On est libre de les faire remonter plus haut, cela importe fort peu. Nous ne croyons pas devoir entrer dans le détail de tous ces mystères d'iniquités : des écrits innombrables les ont suffisamment dévoilés. Quelle est la personne un peu instruite qui pourroit encore ignorer les secrets du club de Holbach, qui étoit le point central de presque toutes les Loges de l'Europe, à l'époque où éclata l'étonnante Révolution française.

D'après ce petit exposé, n'est-il pas visible que c'est l'hérésie qui a engendré la philosophie ? Les Athées, les Matérialistes, les Déistes ne sont-ils pas venus à la suite des sectaires ? N'est-ce pas parce qu'une multitude d'hérétiques avoient commencé à nier les dogmes isolément, qu'il s'est ensuite élevé des hommes assez audacieux pour les nier tous ? L'incrédulité moderne n'est-elle pas le résultat, ou plutôt l'assemblage de toutes les hérésies ? Donc, puisque les sauterelles désignent les sectes luthériennes, leurs queues désignent les philosophes. Pour confirmation, faites attention aux paroles du texte sacré :

Au commencement de la description des sauterelles, il est dit qu'il leur fut donnée une puissance semblable à celle des scorpions ; et à la fin, que leurs queues ressemblent à celles de ces mêmes insectes venimeux : ce qui signifie que le venin de l'hérésie a été communiqué à la philosophie, qui est née d'elle, qui est sa fille, et qui doit régner autant que sa mère. Suivons :

« Et des aiguillons étoient dans leurs queues.» Ah ! comme les philosophes nous les ont fait vivement sentir !!! Par ce seul mot, le Saint-Esprit dépeint énergiquement les maux et les ravages qu'ils ont causés. S'il les exprime si brièvement, c'est que les fureurs de l'hérésie, qu'il a dépeintes auparavant par les images les plus frappantes, ressemblent parfaitement aux fureurs de la philosophie : elles se font connoître les unes par les autres, et procèdent du même germe d'impiété. La philosophie, dans son enfance, encore timide et obligée de se cacher, faisoit à peine sentir ses aiguillons ; à mesure qu'elle acquéroit de l'accroissement, elle les enfonçoit plus fort.

Enfin, parvenue à son dernier degré de force, à l'époque de la Révolution, elle les enfonça avec une cruauté inouie, ne garda plus aucune mesure, répandit tout son venin, exhala toute sa rage, fit couler des torrens de sang, commit toutes les horreurs imaginables, et fit un horrible usage de la puissance qu'elle avoit de nuire aux hommes durant l'espace de temps désigné dans le texte sacré.

« Et leur puissance est de nuire aux hommes
» durant cinq mois. »

Ceci mérite une attention particulière : rappelez-vous qu'auparavant il est écrit que les sauterelles avoient la puissance de tourmenter les hommes durant cinq mois ; et observez ici que leurs queues ont le pouvoir de nuire aux hommes durant ce même espace de temps. Voilà donc deux règnes clairement désignés, chacun de cinq mois, c'est-à-dire, de 150 ans, ainsi que nous l'expliquerons ci-après. (Veuillez, en attendant, vous en rapporter à notre parole.) Le premier est celui de l'hérésie. Consultez l'histoire, et elle vous apprendra que le luthéranisme, après avoir exercé ses ravages et ses fureurs pendant l'espace d'un siècle et demi, fut définitivement arrêté dans ses progrès. Les catholiques et les hérétiques se fixèrent dans leurs limites respectives, et l'on commença à respirer. Le second règne est celui de la philosophie : fille de l'hérésie, elle a marché sur les traces de sa mère, et a su exercer encore avec plus de rage, la puissance qui lui a été donnée de nuire aux hommes durant 150 ans. Vous saurez bientôt à quelle époque les premiers cinq mois ont commencé, et à quelle époque les derniers cinq mois ont fini, et ce rapprochement étonnera plus d'un incrédule.

« Et elles avoient pour roi l'ange de l'a-
» bîme, appelé en hébreu Abaddon, en grec
» Apollyon, et en latin *Exterminans*.

Et habebant super se regem angelum abyssi, cui nomen hebraïcè Abaddon, græcè autem Apollyon, latinè habens nomen Exterminans.

Nous savons d'avance que l'explication de ce texte mettra beaucoup de gens en fureur. Nous voudrions les ménager et leur épargner la honte d'avoir prostitué l'encens de leur admiration à l'un des êtres les plus malfaisans qui aient jamais existé ; mais la force de la vérité nous entraîne, il n'est plus temps de nous arrêter. Quel est cet ange de l'abîme, c'est-à-dire, cet envoyé, cet ambassadeur de Lucifer, appelé en hébreu Abaddon, en grec Apollyon, et en latin *Exterminans*, Exterminateur ? Ne re-connoissez-vous pas Napoléon ? N'est-il pas ici désigné presque par son propre nom ? N'est-il pas parfaitement dépeint sous la dénomination d'Exterminateur ? Qui a jamais exterminé plus d'hommes que lui ? Entrepris des guerres plus multipliées, plus sanglantes et plus meurtrières ? N'a-t-il pas dévoré autant de générations qu'il y a d'années dans son règne ?

Voilà l'ange de l'abîme, que les philosophes ont reconnu pour leur roi, qu'ils ont élevé au-dessus de tous les grands hommes qui figurent dans l'histoire sacrée et profane, qu'ils ont en quelque sorte placé au rang des divinités ! ! !

L'ange de l'abîme ! Et quoi donc ? N'est-ce pas Napoléon qui a relevé les autels abattus, rétabli l'exercice public du culte divin ?

Oui, sans doute ; la Religion lui a servi de marche-pied pour arriver au trône ; mais s'il a réussi à séduire quelques esprits par d'assez belles apparences, en a-t-il imposé aux esprits éclairés qui, déjà, le connoissoient et ne pou-voient s'empêcher de révoquer en doute la pureté de ses intentions ? Mais en admettant qu'il ait bien commencé, de quoi cela lui sert-il, puisqu'il a fini par devenir le plus méchant des hommes ?

N'est-il pas évident que Napoléon n'a fait la paix avec l'Eglise, que pour mieux être en état de lui déclarer la guerre ? qu'il n'a paru la protéger, que pour mieux réussir à l'opprimer ? La perversité de son cœur dési-gnoit, dans le conseil de l'Eternel, l'homme le plus propre à exécuter les desseins d'une justice vengeresse. Il falloit un Exterminateur, *Exterminans*, pour châtier les nations coupables, et tout le monde conviendra qu'il a parfaitement rempli sa mission.

Partisans de cet homme extraordinaire, vous êtes indignés de l'entendre nommer l'ange de l'abîme ; répondez donc à cet argument *ad hominem*. Lorsque Napoléon est sorti de sa première île, pour venir plonger la France dans un nouveau gouffre de crimes et de malheurs, n'est-ce pas vous-mêmes qui avez crié et fait crier : *Vive l'enfer ! ! !* Vous le connoissiez donc bien ? Vous saviez donc qu'il étoit le grand protecteur de la secte des impies ? N'est-ce pas pour cette unique raison que tant de gens le regrètent encore ? Soyez de bonne foi, et osez soutenir le contraire ! Apprenez donc que ce n'est point par hasard qu'un cri, horriblement impie, a retenti à Lyon, et dans presque toute la France : *Vive l'enfer ! ! !* La Providence l'a permis pour mieux caractériser celui qui, dans la prophétie, est appelé l'ange de l'abîme, de cet abîme d'où sont sorties toutes les erreurs et toutes les impiétés. Criez, tant que vous voudrez, au fanatisme ! voilà la vérité.

Mais que l'on pèse attentivement ce qui va suivre.

Selon le texte sacré, les sauterelles, c'est-à-dire, les sectaires, ont reçu la puissance de tourmenter les hommes durant cinq mois : en-

suite les queues des sauterelles , c'est-à-dire ;
les philosophes, ont également reçu le pouvoir de nuire aux hommes durant cinq mois.
Donc le règne de l'hérésie et de la philosophie, joints ensemble, doivent former en total
dix mois. Or, selon le style des prophètes, il
faut toujours compter dans chaque mois un
nombre égal de trente jours ; de sorte que les
dix forment juste trois cents jours. Observez
aussi, que dans le style de l'Écriture, les jours
sont souvent pris pour des années. Par exemple,
dans le célèbre oracle de Daniel, qui prédit,
qu'à dater du jour où sera donné l'ordre pour
rebâtir les murs de Jérusalem, jusqu'à la mort
du Messie, il s'écoulera soixante et dix semaines ; il faut compter, non des semaines de
jours, mais des semaines d'années, et la prophétie se trouve d'une justesse admirable.
D'après ce principe, il est évident que les
événemens que Saint Jean prédit par le son de
la cinquième Trompette , ne pouvant s'accomplir dans un court espace de temps, il
faut prendre sa prophétie dans le même sens
que celle de Daniel, et compter trois cents
années, au lieu de trois cents jours. Voyons
maintenant si ce calcul est conforme au récit
de l'histoire et justifié par l'événement : rien
de plus facile à démontrer. Il s'agit simplement
de compter les années qui se sont écoulées de-

puis l'époque où l'étoile tombée du ciel, Luther ouvrit le puits de l'abîme, qui vomit les
sauterelles, jusqu'à l'époque de la chûte de
l'ange de l'abîme, appelé en hébreu Abaddon,
en latin *Exterminans*, en grec Apollyon, et en
français Napoléon. Or, c'est en 1515 que
Luther, ouvrit le puits des hérésies, en faisant
soutenir ces fameuses thèses qui renfermoient
le germe de toutes ses erreurs, et qui fixent à
cette même année l'origine du luthéranisme ;
d'autre part, la puissance de Napoléon a été
totalement anéantie l'année dernière 1815.
Comptez l'intervalle qui existe entre ces deux
époques, et vous trouverez 300 ans, ni plus ni
moins.

Est-ce par hasard que cela se rencontre si
juste ! Y a-t-il la moindre difficulté, la plus
légère obscurité dans cette interprétation ? Un
enfant n'est-il pas en état de la comprendre ?
Il est possible que beaucoup de gens, bien
loin d'être frappés par ces traits de lumières,
persistent dans leur stupide admiration pour
un homme, qui n'est autre chose que le fléau
dont Dieu s'est servi pour frapper les nations.
Mais nous, fortement convaincus de la divinité de l'Apocalypse, que l'Eglise a placée
dans le catalogue des Livres canoniques ; et de
plus, persuadés que nous avons donné le véritable sens de l'allégorie des sauterelles, nous
tirerons,

tirerons, de tout ce qui vient d'être dit, une conséquence aussi consolante pour les amis de la Religion, que terrible et amère pour ses ennemis. Le terme des dix mois que Dieu, dans sa sagesse, a fixé à la puissance de l'hérésie et de l'impiété moderne, étant expiré depuis l'année dernière, nous croyons fermement que les progrès et les ravages de l'une et de l'autre sont définitivement arrêtés. L'Eglise victorieuse recouvrera une partie de son antique splendeur ; la barque de Pierre, sortant du sein des eaux, voguera gaiement vers le port de l'éternité. Les impies, vaincus par l'Agneau immolé, pourront sans doute essayer de dresser un nouvel échafaudage ; il s'écroulera sur eux - mêmes ; ils seront pris dans leurs propres filets ; rien ne leur réussira ; le mal qu'ils voudront faire, retombera sur eux-mêmes : ils seront forcés à rentrer dans les antres ténébreux d'où ils sont sortis, jusqu'à ce que l'on entende le son de la sixième Trompette. Mais pour avoir une juste idée de la destinée qui les attend, et de la punition qui leur est réservée dans ce monde, et qui a déjà commencé, écoutez l'explication de la cinquième Coupe.

C

V I I.

Effusion de la cinquième Coupe.
Apoc. XV.

Nous ne nous arrêterons pas à décrire le magnifique spectacle au milieu duquel S. Jean voit paroître sept Anges qui reçoivent sept coupes remplies de la colère de Dieu, avec ordre d'aller les répandre sur la terre. Ce sont les sept dernières plaies dont le Tout-Puissant frappera les impies. Ces paroles se rapportent au temps où S. Jean écrivoit; depuis cette époque, les quatre premières coupes ont déjà été versées. Nous avons à expliquer la cinquième, qui se rapporte au cinquième sceau et à la cinquième trompette, et qui, par conséquent, doit caractériser l'âge où nous sommes placés. Voyons si les événemens sont conformes à la prophétie.

C. XVI. 10. Et quintus Angelus effudit phialam suam super sedem bestiæ : et factum est regnum ejus tenebrosum, et commanducaverunt linguas suas præ dolore.

11. Et blasphemaverunt Deum cœli præ doloribus et vulneribus suis, et non egerunt pænitentiam ex operibus suis.

« Le cinquième Ange répandit sa coupe
» sur le trône de la bête, et son royaume
» devint ténébreux ; et les hommes se mor-
» dirent la langue dans l'excès de la douleur.
» Mais ils blasphémèrent le Dieu du Ciel
» à cause de leurs maux et de leurs plaies,
» et ils ne firent point pénitence de leurs
» œuvres. »

Reprenons. Le cinquième Ange répandit sa
coupe sur le trône de la bête. Ce dernier mot
a différentes significations ; il désigne également l'idolâtrie, l'hérésie et tous les genres
d'impiétés qui ont ravagé l'héritage du Seigneur, comme ces bêtes monstrueuses qui ré-
pandent l'effroi dans les campagnes, et laissent
par-tout les traces sanglantes de leur cruauté
et de leur voracité. Mais parmi toutes les
bêtes qui ont désolé l'Eglise, il n'en est point
de plus hideuse, de plus féroce, de plus vé-
nimeuse que celle dont il s'agit dans le texte
que nous expliquons. C'est celle qui est sortie
du puits de l'abyme, de ce puits qui, par ses
communications souteraines, descend jusqu'à
l'enfer ; c'est cette bête annoncée par le son
de la cinquième trompette, qui avoit un corps
de sauterelle, un visage d'homme, des dents
de lion, et une queue de scorpion, effroyable
assemblage qui exprime la réunion monstrueuse

de toutes les erreurs et de toutes les impiétés. Les bêtes qui avoient ravagé le champ de l'Eglise dans les siècles antérieurs, ne s'étoient attaquées qu'à certains dogmes ; mais cette dernière a poussé la rage jusqu'à vouloir les anéantir tous à la fois, renverser la base fondamentale de la Religion, tout nier, même l'existence de Dieu, et établir sur la terre le règne de l'athéisme : cette bête s'appelle **la philosophie**, un bien beau nom, pour un monstre si hideux.

L'Ange versa sa coupe sur le trône de la bête, c'est-à-dire, sur le trône d'Apollyon, le grand roi des sauterelles ; en d'autres termes, sur le trône de Napoléon, le grand Empereur des philosophes. Pesez les paroles suivantes : « Et son royaume devint ténébreux. » Etoit-il possible de caractériser d'une manière plus briève et en même temps plus énergique, la punition de l'Exterminateur, ainsi que celle de ses admirateurs, sur-tout de ceux qu'il avoit associés à sa fortune ? (Nous verrons dans la suite qu'il ne s'agit point ici des ténèbres de l'immoralité.) Nous qui avons été non-seulement témoins, mais victimes de son aveugle ambition, pouvons-nous douter que ce trait ne lui convienne parfaitement ? Il n'y a qu'une voix sur son compte ; il s'est perdu lui-même : il s'est laissé aveugler par l'éclat de sa brillante destinée. Cet homme qui passoit pour un politique si habile, un capitaine si expérimenté, un génie si supérieur, à qui l'on attribuoit une intelligence presque divine, n'a-t-il pas fini par faire des folies, des extravagances incompréhensibles ? Quand on jette un coup-d'œil sur les dernières années de son règne, n'est-il pas visible que Dieu l'avoit frappé d'aveuglement, ainsi que toutes ces armées superbes et innombrables, qui ne connoissoient d'autre gloire que celle de suivre le grand Empereur dans ses courses vagabondes, et d'exécuter les projets conçus dans son délire, tous plus insensés les uns que les autres ? Un bandeau fatal couvroit les yeux de ces trop célèbres guerriers : leur vue étoit tellement affoiblie, qu'ils ne s'apercevoient pas que le brillant fantôme qui couroit devant eux, et qu'ils prenoient pour la victoire, n'étoit autre chose que la mort. Mais tandis que l'Exterminateur parcouroit le monde, comme pour porter les preuves de sa démence jusqu'aux extrémités de la terre, quel esprit de vertige ! quelles profondes ténèbres dans l'intérieur de son royaume ! Lorsqu'au retour de ses campagnes désastreuses, il arrivoit dans sa capitale, sous l'équipage d'un misérable, après avoir laissé ses armées, tantôt sous les glaces, tantôt dans les étangs et les rivières,

tantôt sur les champs de bataille, tantôt misé-
rablement disséminées sur les chemins, mou-
rant de faim et de lassitude , on ne laissoit pas
de lui répéter jusqu'à satiété, qu'il étoit l'homme
invincible ; c'étoit à qui lui prodigueroit l'encens le plus flatteur ; ses honteuses défaites
étoient converties en triomphes. Sa Majesté
avoit constamment vaincu les ennemis , et
n'avoit été vaincue elle - même que par les
élémens ! ! ! Aveugles ! Si les élémens étoient
déchaînés contre votre idole, comment n'avez-
vous pas aperçu la main de Dieu ? Est-ce le
hasard qui dirige les élémens ? Enfin , après
avoir exterminé des millions d'hommes , fait
couler des fleuves de sang, causé des maux
et des ravages effroyables, désolé les provinces
et les royaumes , il est terrassé à son tour
et honteusement consigné sur un rocher im-
perceptible dans la carte de l'univers. On
espéroit, à cette époque, que les ténèbres se
dissiperoient, et que l'on commenceroit à voir
clair. Oui, sans doute, les yeux se seroient
ouverts, si l'aveuglement eût été l'effet d'une
cause naturelle ; mais il provenoit de l'effusion
de la coupe de la colère divine. Il falloit que
le meilleur des Rois , le digne successeur du
Roi-martyr, immolé par le glaive de la philosophie, fût banni pour un court espace de
temps, parce que la mission de l'Extermina-

teur n'étoit pas entièrement remplie. A la vérité, il n'y avoit qu'une voix pour publier les louanges du Monarque nouvellement rétabli sur le trône de ses augustes ancêtres ; mais il ne convenoit pas aux philosophes : ceux-ci prétendoient que, sans Napoléon, il étoit impossible d'être heureux. Hé bien, il reviendra votre Abaddon, votre Apollyon, votre Exterminant : il reviendra pour exterminer lui-même une partie de son armée qui avoit échappé aux calamités antérieures. Pour cette fois, vous n'avez pas admiré son triomphe, et vous avez été tout surpris de voir encore une fois les élémens se déclarer contre lui. N'importe, le courage philosophique ne sera pas terrassé par ce fatal revers. Les impies, plutôt que de profiter d'une si bonne leçon, aimeront mieux mourir dans leurs ténèbres et dans leur stupide aveuglement. Châtiment épouvantable, qui est un véritable enfer anticipé ! Ecoutez avec effroi les paroles suivantes de la prophétie :

« Et les hommes se mordoient la langue » dans l'excès de leur douleur. » Se mordre la langue dans l'excès de la douleur, est un signe de rage et de désespoir. Ce trait ne peut donc convenir qu'à des impies : ce sont les adorateurs de la bête, sur le trône de laquelle l'Ange a versé la coupe ; ce sont les hommes que la philosophie a enchaînés à son char, qui sont ici désignés. Ils sont condamnés à se mordre la langue dans l'excès de leur douleur. O rage ! ô honte inexprimable ! est-ce en vain qu'ils ont fait des efforts si prodigieux pour anéantir la Religion ? Est-ce en vain qu'ils ont travaillé à l'exécution de ce complot infernal pendant une si longue suite d'années ? Est-ce en vain qu'ils ont espéré naguère de toucher au moment du triomphe le plus complet ? Quoi donc ! un ouvrage, déjà si avancé, ne pourra s'achever ! Tant de travaux seront-ils perdus ? Tant et de si grands attentats commis contre la Religion et la société, seront inutiles ! Il y aura donc toujours des Rois très-chrétiens et des Prêtres catholiques ! Hélas ! oui ; la philosophie est confondue, et la Religion règnera. L'édifice majestueux de l'Eglise demeure inébranlable au milieu des décombres de l'impiété moderne, comme parmi les ruines de l'idolâtrie et des hérésies. Voilà bien, pour nos philosophes, de quoi se *mordre la langue :* leur conduite décèle leur rage et leur fureur. Serions - nous assez aveugles pour ne pas voir, que le Ciel, irrité de leurs excès, de leurs crimes, de leurs blasphèmes, a enfin versé sur eux la coupe vengeresse ? Ah ! du moins s'ils étoient encore capables d'ouvrir les yeux à l'éclat de la vérité, et de se repentir de l'avoir si indignement outragée ! ! ! Mais malheureusement la conduite indigne qu'ils tiennent encore aujourd'hui, leur obstination à ne pas vouloir reconnoître la main qui les a frappés, la continuation de leurs blasphèmes, ne justifient que trop visiblement la dernière parole de la prophétie qui les concerne, et qui dit qu'ils ne se convertiront pas. Encore un mot sur ce passage : « Et les hommes se mordoient la langue dans l'excès de leur douleur. »

Bien des gens ont été frappés d'étonnement, de ce que le grand Apollyon, après avoir exterminé tant de milliers d'hommes, n'ait pas été exterminé lui-même par une mort sanglante. C'est un mystère dont nous croyons entrevoir l'explication. N'est-il pas juste qu'ayant été le grand protecteur des philosophes, il ait aussi la première part à leur châtiment ? S'il fût mort dans un combat, c'eut été une consolation pour la cabale impie ; elle n'auroit pas manqué de publier dans tout le monde, qu'il avoit terminé sa glorieuse carrière en héros. La Providence en a disposé autrement ; elle a voulu que celui qui se vantoit de faire *siffler* la Religion, fût *sifflé* lui-même. S'il fût mort les armes à la main, il auroit emporté dans l'autre monde la brillante réputation qu'on lui avoit faite dans celui-ci : au lieu que l'on sait aujourd'hui que cet homme qui avoit un talent si supérieur pour conduire les armées à la mort, avoit une peur extrême de mourir lui-même. Il est relégué dans une île lointaine ; son existence est prolongée, pour lui laisser le temps de réfléchir sur les suites de son ambition et sur ses crimes, et *de se mordre la langue* dans l'excès de sa douleur.

« Mais ils blasphémèrent le Dieu du Ciel, » à cause de leurs maux et de leurs plaies, » et ne firent point pénitence de leurs » œuvres. »

Ce texte caractérise si parfaitement les impies de notre temps, qu'il est presque inutile de l'interpréter. Durant les dernières années, tandis que la philosophie étoit sur le trône, et possédoit la puissance suprême, elle blasphémoit sans doute, mais pas d'une manière si grossière. Elle avoit bien commencé à répandre le sang des Chrétiens fidèles ; mais sur la fin de son règne elle changea de batteries, et poussa la perfidie jusqu'à se servir du nom même de la Religion, pour lui porter les coups les plus terribles. Elle jugea que les persécutions sourdes et cachées lui deviendroient plus funestes que les persécutions sanglantes. Le culte divin avoit une certaine apparence extérieure. Au lieu de tirer sur la forteresse de l'Eglise à boulets rouges , on travailloit à la faire écrouler par des mines souteraines ; mais à peine la philosophie, qui se croyoit si adroite , fut-elle déçue de ses flatteuses espérances , par les derniers événemens , évidemment miraculeux , qu'il ne lui fut plus possible de contenir sa rage. « Et ils blasphémoient le Dieu du Ciel. » Nous les avons entendus les blasphèmes de l'impie contre le Dieu du Ciel , contre la Religion et contre ses Ministres ; et s'il a cessé par crainte de les proférer publiquement , nous n'ignorons pas qu'il continue à les proférer en secret. Il enrage , il écume , il menace , mais il ne nous inspire plus aucune frayeur. Les transports de sa fureur font partie de son châtiment, et sont pour nous la preuve la plus manifeste de l'accomplissement de la prophétie. « Et ils ne firent point pénitence de leurs œuvres. » Hélas ! nous ne le voyons que trop clairement : non-seulement les adorateurs de la bête (la philosophie) ne se convertissent pas , mais ils ont conservé l'espérance de se dédommager ; ils travaillent avec une ardeur infatigable à relever le monstrueux édifice qu'ils avoient érigé : c'étoit la tour de Babel, la tour de confusion; elle est tombée : c'est Dieu lui-même qui l'a renversée. Les nouveaux architectes qui essayent de la rebâtir, dans l'impossibilité de se concerter et de s'entendre, finiront par abandonner l'entreprise. Ils seront dispersés ; ils iront où ils voudront *se mordre la langue*, qui a tant blasphémé. Quant à nous, nous bénirons le Seigneur de nous avoir délivrés de leur infernale tyrannie.

VIII.

Cinquième Eglise de l'Asie. *Apoc. II.*

NON-SEULEMENT l'Apôtre S. Jean a prédit les événemens extérieurs qui doivent arriver à l'Eglise universelle durant les sept âges, mais encore il a dépeint sa situation intérieure sous l'emblème de sept Eglises particulières, qui existoient de son temps dans la contrée, qui avoit été le berceau du Christianisme. Ce sont les Eglises d'Ephèse, de Smyrne, de Pergame, de Thyatire, de Sardes, de Philadelphie, de Laodicée. L'Eglise de Sardes, occupant le cinquième rang, est donc celle qui correspond au cinquième Sceau, à la cinquième Trompette, et à la cinquième Coupe. Voyons si les conseils que le Saint-Esprit donne à l'Eglise de Sardes, et les reproches qu'il lui fait, caractérisent les Chrétiens du cinquième âge. Vous en jugerez par l'interprétation.

C. III. 1. *Et Angelo ecclesiæ Sardis scribe: Hæc dicit qui habet septem spiritus Dei, et septem stellas, scio opera tua quia nomen habes quo vivas, et mortuus es.*

« Écrivez à l'Ange de l'Eglise de Sardes :
» Voici ce que dit celui qui a les sept esprits
» de Dieu et les sept étoiles. »

Sardes étoit la capitale de la Lydie, où régnoit jadis le fameux Crésus, dans l'Asie-Mineure. Les fidèles qui composoient l'Eglise établie dans cette cité, avoient le même esprit que les fidèles qui composent l'Eglise universelle du cinquième âge. C'est pour cela que l'Eglise de Sardes est placée dans la prophétie au cinquième rang. Bien qu'elle existât, dans les siècles d'or de la foi, elle n'étoit rien moins que fervente. Quand le Saint-Esprit adresse la parole à l'Ange, c'est-à-dire à l'Evêque de chacune des sept Eglises, il est censé l'adresser à toute la société des fidèles. L'Ange ou le Pasteur qui préside, étant tenu de rendre compte, reçoit tous les éloges et tous les reproches que méritent les brebis qui sont sous sa houlette.

« Voici ce que dit celui qui a les sept esprits de Dieu et les sept étoiles. »

Remarquez que ce nombre sept, qui est la

clef de l'Apocalypse , revient par-tout. Celui qui parle c'est J. C. ; les sept esprits désignent sa providence qui s'étend aux sept âges de l'Eglise ; et les sept étoiles représentent les Pasteurs qui la gouverneront à ces diverses époques. Il tient ces étoiles dans sa main droite (voyez le Ier Chap. de l'Apocalypse), pour signifier que c'est lui qui dirige les Pasteurs ; conformément à sa promesse : Je serai tous les jours avec vous jusqu'à la fin des siècles.

« Je sais quelles sont vos œuvres, vous avez » la réputation d'être vivant, et vous êtes » mort. »

Les assauts que l'hérésie et la philosophie ont livrés à l'Eglise catholique , à la vérité n'ont pu abattre cette forteresse mystique bâtie sur le rocher ; les portes de l'Enfer ne prévaudront jamais contre elle ; mais ils n'ont pas laissé d'y faire des brèches , qui paroissent irréparables. Le corps de l'Eglise existe toujours, et demeure visible à tous les regards. Son existence paroît d'autant plus miraculeuse, que les attaques de l'impiété ont été plus prolongées et plus terribles. On ne peut s'empêcher d'admirer sa force et sa vigueur extérieure , quand on considère l'éclat de ses victoires ; mais ce corps, qui paroît si vivant , n'a plus ni force ni vigueur intérieure ; la plupart des membres qui le composent sont morts. Le flambeau de la foi, de l'espérance, de la charité, obscurci par les erreurs et les impiétés, ne jette plus qu'une foible lueur dans l'esprit et le cœur des Fidèles. Les maximes de l'incrédulité et de l'immoralité sont si universellement répandues et mises en pratique, qu'il est impossible de comprendre que l'Eglise catholique puisse toujours subsister au milieu de tant de scandales. Rien donc n'est plus frappant que cette première parole : « Je sais quelles sont vos œuvres, vous avez » la réputation d'être vivant, et vous êtes » mort ! »

2. *Esto vigilans, et confirma cætera, quæ moritura erant ; non enim invenio opera tua plena coram Deo meo.*

« Soyez vigilant, confirmez le reste de » votre peuple, qui étoit sur le point de » mourir ; car je ne trouve point vos œuvres » pleines devant mon Dieu. »

Il est visible que ce verset regarde spécialement les Pasteurs. Considérez l'état déplorable du troupeau confié à vos soins. La plupart de vos brebis sont mortes ; celles qui vivent encore sont languissantes ; et n'ont échappé à la mort qu'avec une peine extrême. Redoublez donc de zèle et de vigilance pour ranimer ce reste de vie. Je ne trouve pas vos œuvres pleines devant mon Dieu. Il est certain que le Clergé catholique a donné de grands exemples de vertus et de fidélité durant la Révolution, et aujourd'hui encore il est animé du meilleur esprit de piété et de religion ; mais qu'il s'en faut bien que ses œuvres soient pleines devant Dieu ! combien de Prêtres se sont laissés entraîner par le torrent des scandales ! combien ont combattu lâchement, et combien encore, même parmi les bons, qui montrent peu de zèle pour réparer les ravages de l'impiété ! Il ne nous appartient pas d'insister sur cette trop sensible vérité.

3. *In mente ergò habe qualiter acceperis, et audieris, et serva, et pœnitentiam age : si ergo non vigilaveris, veniam ad te tanquàm fur, et nescies quâ horâ veniam ad te.*

« Souvenez-vous donc de quelle manière
» vous avez reçu et entendu l'instruction,
» et gardez-la, et faites pénitence : car si
» vous ne veillez, je viendrai à vous comme
» un voleur, et vous ne saurez à quelle heure
» je viendrai. »

Oh !

Oh ! que ces paroles menaçantes se sont accomplies d'une manière terrible et frappante envers l'Eglise universelle du cinquième âge ! Transportez-vous à l'époque où Luther ouvrit le puits de l'abîme. Alors il y avoit déjà au moins huit siècles que l'Eglise jouissoit d'une paix extérieure et profonde : les combats qu'elle avoit eu à soutenir pendant ce long intervalle, étoient à peine une ombre en comparaison de ceux des premiers âges. Elle étoit dans la situation la plus florissante, sur-tout en Europe ; mais, malheureusement, les Fidèles, peu exacts à conserver et à mettre en pratique les saintes traditions qu'ils avoient reçues de leurs ancêtres, provoquèrent le courroux céleste par leur indifférence et par leur assoupissement. Ils s'endormoient dans une douce et paisible sécurité, et ne songeoient point à faire pénitence de leurs désordres , lorsque tout-à-coup, au moment où ils s'y attendoient le moins, il s'éleva cette furieuse tempête, qui a duré pendant trois cents ans, et qui laissera long-temps après elle une violente agitation dans les flots. Le gros de l'orage est passé ; mais il faudra des années avant que le calme soit parfait.

« Je viendrai à vous comme un voleur, » et vous ne saurez pas à quelle heure je » viendrai. »

D

Remarquez cette expression. Non-seulement un larron arrive d'une manière soudaine et imprévue , mais il arrive avec la mauvaise intention de voler et d'emporter tout ce qu'il trouvera à sa disposition. Il ne pénètre dans les maisons que pour les dévaster et les dépouiller : n'est-ce pas le malheur qui est arrivé à l'Eglise ? Que lui reste-t-il de tous les vastes domaines spirituels et temporels qu'elle possédoit autrefois ? Les hérétiques avoient commencé à la dépouiller ; cependant il lui restoit encore de superbes héritages en France , en Espagne , en Italie. Les philosophes arrivent après les hérétiques , et finissent par lui ravir le reste de ses immenses possessions. N'est-elle pas aujourd'hui dans un état de pauvreté et de nudité épouvantable ? ses temples innombrables sont ou anéantis ou dévastés , et la plupart de ses Ministres sont réduits à la mendicité. Jésus-Christ n'est-il pas venu visiter son Eglise comme un voleur ? Qui ne sera frappé de l'accomplissement de cette prédiction ?

4. *Sed habes pauca nomina in Sardis , qui non inquinaverunt vestimenta sua ; et ambulabunt mecum in albis , quia digni sunt.*

« Vous avez néanmoins à Sardes quelque

» peu de personnes qui n'ont point souillé
» leurs vêtemens ; ceux - là marcheront avec
» moi habillés de blanc , car ils en sont
» dignes. »

En vain l'hérésie et la philosophie , les deux compagnes fidèles , ont employé tous les moyens de terreur et de séduction pour pervertir les enfans de l'Eglise ; si elles ont fait des millions d'apostats , elles n'ont pas laissé d'être confondues par la constance et la fermeté d'un petit nombre de Chrétiens , qui , pénétrés de la plus vive horreur pour toutes les nouveautés , gardèrent fidèlement le dépôt des vérités de la foi, et ne souillèrent par aucune infidélité la robe de leur innocence. Ceux - là marcheront à la suite de l'Agneau , seront vêtus d'habits blancs , de gloire et d'immortalité dans le séjour de la félicité suprême. Nous qui avons été témoins des événemens , nous devons nous étonner , non de ce qu'il y a tant de corruption dans le monde, mais de ce qu'il s'y trouve encore un certain nombre de vrais Chrétiens , dignes de figurer à côté de ceux des premiers siècles.

5. *Qui vicerit sic vestietur vestimentis albis , et non delebo nomen ejus de Libro vitæ , et confitebor nomen ejus coram Patre meo et coram Angelis ejus.*

D 2

« Celui qui aura remporté la victoire sera
» ainsi vêtu d'habits blancs, et je n'effacerai
» point son nom du Livre de vie, et je con-
» fesserai son nom devant mon Père et devant
» les Anges. »

Plusieurs sortes de Chrétiens ont remporté
d'éclatantes victoires durant les persécutions
de l'hérésie et de la philosophie. D'abord les
martyrs qui ont méprisé les supplices et la
mort, qui ont glorieusement versé leur sang
pour rendre témoignage à l'infaillibilité de
l'Eglise et à la divinité de la Religion. Le
texte sacré dit qu'ils seront vêtus de blanc,
pour montrer que ce sont les mêmes que ceux
dont il est parlé sous le cinquième Sceau ,
et auxquels on donna, à chacun, une robe
blanche, symbole de leur bienheureuse immortalité. Ensuite les Chrétiens qui, à la
vérité , n'ont point souffert la mort, mais qui
ont courageusement confessé Jésus - Christ,
et ont préféré l'exil, les fers, tous les traitemens les plus barbares, au malheur de trahir
leur foi et leur conscience ; enfin, les Fidèles
qui , environnés de toutes sortes de piéges,
de périls, de séductions, ont constamment
méprisé, foulé aux pieds les maximes de l'impiété et du libertinage, et sur-tout le respect
humain si terrible, si tyrannique, si dange-

reux dans notre siècle. Jésus-Christ n'effacera pas leur nom du Livre de vie. Il nous semble que cela signifie , qu'en récompense de leur fidélité durant le temps des orages , il leur accordera le don précieux de la persévérance, imprimera sur leur front , qui n'a point rougi, le sceau de la prédestination , et les reconnoîtra pour ses véritables amis devant son Père céleste et devant les Anges. Si donc nous avons vu auparavant que les adorateurs de la bête seront épouvantablement châtiés , nous voyons ici que les fidèles adorateurs de J. C. seront magnifiquement récompensés.

6. *Qui habet aurem audiat quid spiritus dicat Ecclesiis.*

« Qui a des oreilles entende ce que l'esprit
» dit aux Eglises. »

C'est uniquement pour suivre ce conseil du Saint-Esprit que nous avons cherché à pénétrer le sens des prophéties que nous venons d'expliquer. S'il nous est échappé quelque chose qui ne soit pas conforme à l'en_ seignement et à la doctrine de l'Eglise catholique , nous le révoquons à l'instant même. Nous n'avons jamais oublié qu'à elle seule appartient le droit d'interpréter les Livres saints , et qu'en nous les mettant entre les mains elle nous commande de les lire avec respect et soumission à son autorité.

Mais s'il est vrai que nous ayons donné le sens de ces divers passages de l'Apocalypse, et que la confrontation du texte sacré avec les évènemens soit exacte, nous sommes en droit de dire aux amis de la Religion et de la vérité : Consolez-vous, le monstre de l'impiété a perdu le pouvoir de vous tourmenter et de vous nuire; cessez de le craindre, ses dents de lion sont fracassées, et ses aiguillons arrachés : ne soyez point émus des hurlemens de sa rage expirante ; les dix mois qui lui avoient été donnés pour exercer ses fureurs et ses ravages sont expirés. Cependant observez à ce sujet, que beaucoup d'écrivains reculent jusqu'en 1516, le jour où Luther ouvrit le puits de l'abîme, en soutenant publiquement des thèses impies. Si ce sentiment est véritable, les trois cents ans n'expirent que la présente année 1816. Dans cette hypothèse, si une petite secousse pouvoit encore avoir lieu, elle arriveroit de suite et ne serviroit qu'à donner le coup de grâce à la philosophie. C'en est donc fait, les prétendus réformateurs du genre humain restent confondus ; il ne s'agit plus que de réformer à notre tour tant et de si horribles abus qu'ils ont introduits dans le monde ; l'ouvrage est grand et difficile ; mais le Dieu qui a tout prédit , qui a tout dirigé dans sa sagesse infinie , qui a protégé ses élus dans le temps de la tribulation , viendra à notre secours , et mettra la dernière main aux merveilles déjà commencées. En attendant que le sixième Ange fasse sonner la Trompette des calamités , l'Eglise de Jésus-Christ , après tant de glorieux combats , jouira de la paix et oubliera ses longues souffrances dans le sein d'une nouvelle prospérité ; ces heureux jours sont prochains , et nous les verrons.

I X.

La grande objection changée en preuve.

BIEN des gens ne manqueront pas de nous accuser d'avoir abusé de l'Ecriture sainte , pour avoir osé appliquer à Napoléon , sacré par le Souverain Pontife , le passage de la prophétie , qui dit : Et elles avoient pour roi l'ange de l'abîme , appelé Abaddon , Apollyon , *Exterminateur*. La réponse que nous allons faire à cette objection paraîtra singulière , mais n'en sera pas moins solide.

Quoi ! oser soutenir que ce grand homme ,

sacré par le Chef suprême de l'Eglise, est un envoyé de l'enfer! un suppôt de Satan!

Comment se fait-il donc que la réponse à cette apparente difficulté, se trouve précisément dans le nom qu'il s'étoit choisi lui-même, joint au titre qu'il avoit usurpé?

Napoléon, Empereur des Français : renversez l'ordre des lettres, sans rien ajouter, ni rien retrancher, et vous formerez cette phrase :

Le Pape serf a sacré un noir démon.

Quand on a découvert cette singulière anagramme, se seroit-on imaginé qu'elle eût un rapport si frappant avec la prophétie qui désigne Napoléon sous le nom de l'Ange de l'abîme.

Le Pape serf a sacré un noir démon ; cela signifie, en propres termes, que le Souverain Pontife, contraint par la force, indignement trompé, atrocement persécuté par un homme puissant, qui avoit la ruse et la malice du diable, a jugé, dans sa sagesse, qu'il valoit mieux sacrer Napoléon, que d'exposer l'Eglise de France à une nouvelle et horrible persécution. Si le Chef de l'Eglise se détermina à une démarche si pénible à son cœur, c'est qu'il avoit des raisons invincibles de craindre que l'apostasie ne fut introduite dans le royaume très-chrétien ; ce qui auroit été un malheur irréparable. Il n'est donc que trop vrai que

Pie VII, entraîné par la force des circonstances, disons mieux, par une disposition se-
crète de la Providence, contribua dans le
temps à affermir la puissance de l'Exterminateur; mais aussi n'est-ce pas ce vénérable Pontife, qui, montrant une fermeté héroïque dans
l'esclavage, élevant vers le Ciel ses mains en-
chaînées, fit violence au cœur de Dieu, et
obtint, par sa résignation dans les souffrances, et par l'ardeur de ses prières, le miracle
qui a renversé le trône de la bête.

X.

Objection raisonnable.

Quelques personnes, en lisant l'interprétation de ce passage de la cinquième Coupe;
« Et son royaume devint ténébreux, » pourront s'étonner de ce que nous n'avons pas fait
mention de la monstrueuse immoralité qui a
obscurci, dans la plupart des Chrétiens, toutes
les lumières de la foi et de la raison. En effet,
n'est-il pas infiniment déplorable, que les
hommes, après avoir été éclairés pendant
tant de siècles du brillant flambeau de la révélation, soient aujourd'hui réduits à demander : Y a-t-il un Dieu? L'ame est-elle
distinguée du corps? Existe-t-il une différence

essentielle entre le vice et la vertu ? Entre le mensonge et la vérité ? Entre l'homme et la brute ? Que faut-il penser de la vie future ? Y aura-t-il un jugement ? Des récompenses pour les bons, des châtimens pour les méchans ? Existe-t-il un ciel, un enfer, une éternité ? Ah ! grand Dieu ! qu'elles sont profondes les ténèbres du libertinage et de l'incrédulité ! elles sont épaisses, palpables comme ces ténèbres miraculeuses et matérielles, qui couvrirent jadis la terre d'Egypte. Cependant nous n'avons pas dû en parler dans l'explication de la cinquième Coupe ; et pourquoi ! C'est qu'elles ne sont pas parties du ciel ; elles sont sorties du puits de l'abîme, ouvert par Luther. Ce sont les impies eux-mêmes qui les ont répandues sur la terre : elles sont désignées dans la prophétie par cette fumée noire, épaisse, qui obscurcit le soleil et l'air ; au lieu que les ténèbres, répandues par l'Ange sur le royaume de la bête, ne sont autre chose que l'aveuglement dont Dieu a frappé ces mêmes impies, l'aveuglement qui les a perdus, qui les perd encore : ténèbres vengeresses, juste châtiment dû à ces orgueilleux réformateurs, qui mettoient tant de zèle à répandre dans le monde les ténèbres de l'immoralité, et qui, sous prétexte d'éclairer les hommes, n'avoient d'autre dessein que de les corrompre et de les abrutir. Aveuglés sur leurs propres intérêts, emportés par un esprit de vertige, ils ne se tiendront pas pour battus, et conserveront le fol espoir de se relever de leur chûte. Tel Lucifer, dans le poëme de Milton, exhortoit les anges rebelles, ses complices, à reprendre courage ; mais tout-à-coup, il est changé en monstrueux serpent, et sa voix éloquente ne fait plus entendre que d'horribles sifflemens. Laissez donc l'impiété former de nouveaux complots : ils seront déjoués à mesure qu'elle entreprendra de les exécuter; et quand même elle réussiroit à séduire encore quelque puissance de la terre, il n'en sera ni plus ni moins : elle pourra, pendant quelque temps, retarder la marche des choses qui se dirigent vers le rétablissement de l'ordre ; mais enfin elle sera forcée d'avouer sa honteuse défaite, et se *mordra la langue* dans l'excès de sa rage, à mesure qu'elle verra la Religion, son ennemie et sa rivale, recouvrer l'empire sur les cœurs, et régner pendant la durée des siècles.

X I.

Le vrai point de vue.

CEUX qui ont fait une étude approfondie de l'Apocalypse, sont convaincus que ce livre deviendra un jour une preuve frappante de la divinité du Christianisme. Les obscurités dont il est enveloppé, s'éclairciront à mesure que l'on s'approchera du terme des événemens humains. Il semble que le Saint-Esprit l'a inspiré, sur-tout pour l'instruction des fidèles qui existeront dans les derniers temps. Ils le liront avec admiration ; ils seront étonnés d'y trouver, sous des allégories magnifiquement exprimées, toute l'histoire de l'Eglise. Ils béniront cette aimable Providence qui a tout prévu, tout disposé, et tout dirigé dans sa sagesse infinie. Ils verront clairement que toutes les pièces, qui sont jouées sur le théâtre du monde, sont composées dans le Ciel ; que les hommes sont les acteurs, les instrumens, et que Dieu seul, caché derrière la scène, fait mouvoir tous les ressorts. Ils seront consolés par le souvenir du passé ; ils chercheront à découvrir ce qui ne sera pas encore accompli ; et, pleins de confiance dans le Dieu des Chrétiens, ils seront encouragés et se disposeront à supporter fortement les terribles épreuves qui leur sont réservées.

Nous déclarons avec candeur et franchise, que telle est déjà aujourd'hui l'impression que ce Livre divin fait sur nous, et qu'en laissant paroître la présente interprétation, nous avons cru suivre une impulsion intérieure, qui n'est ni vanité ni présomption. Sans doute elle est défectueuse sous une infinité de rapports ; mais elle ne laisse pas de renfermer un grand germe de vérité, qui se développera avec le temps. Si nous avions fait un choix de passages et de textes détachés pour les appliquer aux événemens que nous avons vus, cela n'auroit aucune force et ne seroit d'aucune valeur. Qui ne comprend qu'il est extrêmement aisé de faire plier le sens d'une allégorie comme on veut ? Mais ici rien n'est arbitraire : le plan que nous avons suivi n'est point de notre invention ; il est tracé depuis long-temps par les hommes les plus habiles. Ce sont les interprètes qui ont divisé la durée de l'Eglise en sept âges, en assignant à chacun un sceau, une trompette, une coupe et une épître prophétique. De plus, ils s'accordent à dire que nous sommes placés dans le cinquième âge ; de-là nous avons conclu de suite et sans hésiter : donc les prophéties qui nous concernent doivent être le cinquième sceau, la cinquième trompette, la cinquième coupe, la cinquième Eglise de l'Asie. Voyons si tous ces cinquièmes signes peuvent s'appliquer avec précision aux événemens de notre âge. A l'ouverture du cinquième sceau, il est dit que la situation extérieure de l'Eglise sera un état de persécution. Cet oracle n'est-il pas accompli dans les persécutions suscitées par l'hérésie

et par l'impiété moderne? Au son de la cinquième trompette, le puits de l'abîme vomit
une bête effroyable qui surpasse en mons-
truosité tout ce qu'il y a de plus hideux et de
plus malfaisant dans la nature. Nous examinons
ce monstre, et nous voyons clairement que son
corps de sauterelle, avec son venin de scorpion,
son visage d'homme, ses cheveux de femme,
ses dents de lion, sa cuirasse de fer, son instinct
hargneux, vorace, tracassier, remuant, désigne
les sectes hérétiques. Ensuite nous considérons
que cet hideux assemblage est terminé par une
queue de scorpion armée d'aiguillons, et nous
reconnoissons la philosophie, qui n'est autre
chose que la queue de l'hérésie. Enfin arrive
le grand roi Abaddon, l'Exterminateur, qui
vient très-à-propos pour achever de nous convaincre que nous avons donné la véritable définition de la bête sortie du puits de l'abîme.

Quant à l'effusion de la cinquième coupe
versée sur le trône de la bête, n'avons-nous
pas reconnu l'aveuglement, la rage, les blasphèmes, l'impénitence des impies de nos jours?
Ne sont-ils pas dépeints au naturel par des
traits qu'il est impossible de méconnoître?

Enfin l'épître prophétique écrite à l'Ange
de l'Eglise de Sardes, ne dépeint-elle pas,
avec une justesse extrême, tout ce qui concerne
l'Eglise du cinquième âge? Ah! très-certai-

nement, ceux qui se donneront la peine de réfléchir sérieusement sur cet ensemble, ne pourront s'empêcher d'en être frappés.

XII.

Texte réservé pour la conclusion.

Nous avons omis à dessein les dernières paroles qui terminent la cinquième trompette, afin d'en faire la finale de ce petit Ouvrage. C'est par inadvertance que nous les avons oubliées dans la première édition.

(Apoc. c. IX. v. 12.)

« *Væ unum abiit : et ecce veniunt adhùc* » *duo væ post hæc.* »

« Un malheur est passé : voici encore deux » autres qui vont suivre. »

Pour l'intelligence de ce texte, il est nécessaire de vous rappeler le petit prélude de la cinquième trompette.

(Apoc. c. VIII. 13.)

« Je vis et j'entendis la voix d'un aigle qui » voloit par le milieu du Ciel, criant avec » une voix forte : Malheur ! malheur ! malheur

» aux habitans de la terre, à cause du son
» des trompettes, dont les trois autres Anges
» doivent sonner ! »

Remarquez cette parole répétée trois fois : Malheur ! malheur ! malheur !!! Le premier est annoncé par la cinquième trompette, et maintenant il est passé. *Væ unum abiit.* Le deuxième appartient à la sixième trompette, qui annoncera l'arrivée de l'Ante-Christ. C'est la raison qui nous a fait dire au commencement que la persécution contenue sous le cinquième sceau sera l'avant-dernière. Tel est évidemment le sens des paroles adressées aux ames des martyrs, que S. Jean avoit aperçues sous l'autel : Attendez en paix encore un peu de temps ; le nombre de ceux qui doivent souffrir la mort comme vous n'est pas encore complet.

Le troisième malheur appartient à la septième trompette, qui annoncera le jugement universel, la glorification des Elus, et la réprobation des méchans. Par conséquent il reste encore deux malheurs qui ne sont pas accomplis, mais que nous ne verrons pas. *Ecce veniunt adhùc duo væ.* N'apercevez-vous pas que tout est net, que tout s'explique dans le plus grand ordre et sans la moindre confusion !

Puisque nous venons de faire encore mention de cet Ange qui traversoit le milieu du Ciel

pour

pour annoncer les trois dernières calamités, nous répéterons aussi l'observation que nous avons déjà faite : Pourquoi avoit-il la forme d'un aigle ? Nous avons tout lieu de penser que c'étoit pour faire allusion à l'Exterminateur annoncé par la cinquième trompette, et qui avoit une aigle pour enseigne. De plus il paroît, d'après les plus savantes conjectures des interprètes, que tel sera aussi l'étendard de l'Ante-Christ. Nous nous rappelons très-distinctement, qu'à l'époque où Napoléon se fit déclarer Empereur, nous entendîmes des hommes très-graves et très-instruits, se demander : Pourquoi prend-il une aigle pour enseigne? Pourquoi cette affectation de vouloir singer les Empereurs Romains? Il y a là-dessous quelque mystère que nous ne comprenons pas. — Au reste, ceci n'est point d'une importance majeure.

Amis de la Religion et de la vérité, permettez, qu'en finissant, nous vous adressions la parole : nous vous l'avons déjà dit plusieurs fois, et nous aimons à vous le répéter : c'est fini. Ne vous affligez pas trop sensiblement des maux qui existent encore. Quand le Seigneur veut punir les nations coupables, il avertit, il menace, il tonne long-temps d'avance, et ce n'est qu'à la dernière extrémité

E

qu'il laisse échapper de ses mains la foudre vengeresse ; ainsi, quand il se détermine à leur faire miséricorde, il va par degrés, il dispose les événemens avec douceur et suavité. Nous sommes impatiens, toujours pressés ; l'attente est pour nous un supplice : c'est que nous ne sommes que des créatures foibles et mortelles. Mais Dieu est patient, parce qu'il est éternel. Il sait que ses amis et ses élus, pour être éprouvés un peu plus long-temps, n'y perdront rien, et n'en seront que plus magnifiquement récompensés. Quant aux méchans, s'il a l'air de prolonger leur prospérité mensongère, il saura bien un jour les trouver ; ils ne lui échapperont pas. Consolez-vous donc, et retenez bien, que la trompette des calamités qui vous concerne a sonné, et que tout ce qu'elle a annoncé est accompli. Les maux présens passeront plus vîte que vous n'osez l'espérer. Le petit tapage que font encore les impies, n'est rien : c'est le bruit sonore de l'airain qui retentit encore dans vos oreilles, lorsque déjà le marteau a cessé de frapper ; ou plutôt, pour nous exprimer d'une manière conforme à la prophétie, le bruit que vous entendez encore, n'est que le dernier écho de la cinquième trompette.

Fin de la première Partie.

II.e PARTIE.

INTRODUCTION.

Outre les prophéties rangées dans un ordre fixe et invariable, qui sont les sept Eglises de l'Asie, les sept Sceaux, les sept Trompettes et les sept Coupes; il y a dans l'Apocalypse des prédictions détachées, qui se rapportent aux mêmes signes, et qui en développent le sens d'une manière admirable. Or, comme les malheurs mémorables du cinquième âge, occupent l'un des premiers rangs parmi les calamités de l'Eglise, il est naturel de soupçonner que, non-seulement ils sont renfermés sous les cinquièmes signes déjà expliqués, mais qu'ils sont encore l'objet de quelque prophétie particulière. Oserions-nous affirmer que nos conjectures se sont changées en réalité ? On sera peut-être fort surpris de trouver ici la véritable interprétation du fameux règne de mille ans, et encore plus, de le voir aboutir au règne de *l'Exterminateur.* Quelqu'extraordinaire que cela vous paroisse, ne le rejetez pas avant d'avoir lu et examiné ; vous apercevrez des difficultés, mais ne précipitez pas votre jugement ; à mesure que nous avancerons, vous les verrez disparoître.

Jusqu'à présent, personne ne s'est vanté d'avoir découvert le véritable sens de cette célèbre prophétie, qui, dans les premiers siècles du Christianisme, donna lieu à l'erreur des Millenaires. Par une raison toute simple ; c'est que l'événement qui pouvoit faire deviner le mot de l'énigme, n'étoit pas encore arrivé.

Mais, à quoi sert une prophétie obscure, qu'on ne peut expliquer qu'après coup ? Elle sert à nous montrer que Dieu a prévu et dirigé tout ce qui est passé, et elle nous inspire une tendre confiance dans sa providence pour les événemens présens et futurs ; elle ranime la foi et le courage des ames vertueuses ; elle les console et les fortifie, tandis qu'elle confond l'incrédulité et la fausse sagesse de l'impie.

Au reste, ce caractère d'obscurité est commun à toutes les prophéties ; elles ne deviennent claires et intelligibles que par leur accomplissement. Dieu le veut ainsi, pour des motifs qu'il n'importe pas d'exposer ici. Nous sommes pressés d'arriver au but, et de vous convaincre que St. Jean l'Evangéliste, en faisant l'histoire prophétique de l'Eglise, n'a point omis l'étonnante révolution dont nous avons été les témoins et les victimes. Il vous sera difficile de vous persuader, que l'interprétation qui va être mise sous vos yeux, soit purement arbitraire. S'il se rencontre quelques endroits foiblement exprimés, il y aura suffisamment de traits de lumière pour éclairer les Fidèles qui sont animés de l'esprit de Dieu, et qui font leurs délices de la lecture des Livres saints.

L'amour de la vérité, le désir de la faire connoître ; l'empressement de communiquer aux autres les sentimens d'admiration qu'elle nous inspire; tel est le motif entraînant qui nous a déterminé à publier ce petit Ouvrage. Que l'on nous accuse de présomption, cela ne fait rien ; quelque chose nous dit d'aller en avant ; nous obéissons à cette voix , et nous espérons qu'elle ne nous égarera pas. Nous cédons à la force de la conviction intime dont nous sommes pénétrés.

LE GOG

DE L'APOCALYPSE.

I.

Les exploits de Satan. *Apoc. C. XX.*

1. *Et vidi Angelum descendentem de cælo, habentem clavem abyssi, et catenam magnam in manu sua.*

« Et je vis descendre du ciel un Ange, qui
» avoit la clef de l'abîme, et une grande
» chaîne dans sa main. »

Cela se comprend parfaitement. C'est l'arrivée d'un Esprit céleste, exécuteur d'un arrêt qui vient d'être porté dans le conseil de l'Eternel. Il tient la clef du cachot, et la chaîne qui doit lier le dragon infernal. Voici d'abord le récit abrégé des attentats qu'il a commis contre J. C. son vainqueur.

Transportez-vous à l'époque où les Apôtres, remplis des dons du Saint-Esprit, se dispersent dans l'univers, et entreprennent d'élever l'édi-

E 4

fice majestueux de la Religion sur les ruines de l'idolâtrie et de toutes les superstitions. En vain on chercheroit dans le langage humain des expressions capables de dépeindre les fureurs de Satan, à la vue de ces Envoyés , qui viennent pour le détrôner , pour briser le sceptre de fer avec lequel il avoit gouverné toutes les nations durant plus de 4000 ans ; pour abolir son culte abominable , renverser ses temples et ses autels , abattre tous ses signes , et lui enlever ses adorateurs. Qui ne frémira au souvenir des persécutions atroces que l'antique serpent suscita contre l'Eglise naissante ? Le cœur se soulève , l'imagination est épouvantée à l'aspect des scènes de cruauté , de sang et de carnage, qu'il eut le pouvoir de prolonger durant l'espace de trois siècles. Mais aussi , rien de plus magnifique que les peintures prophétiques que saint Jean nous a tracées des victoires éclatantes remportées par le courage , la force et la constance des premiers Chrétiens. Enfin , Constantin le Grand monte sur le trône de l'univers, se déclare adorateur de J. C., et protecteur de son Eglise. Dès-lors, l'idolâtrie est réduite aux derniers abois , la Religion chrétienne triomphe , et Satan est chassé de l'Empire romain. N'importe, le dragon infernal ne se tient pas pour détrôné. Furieux , écumant de rage , il part pour la Perse et les vastes régions de l'Asie ; où son culte étoit encore en vigueur. Là , il suscite contre les Chrétiens de ces contrées, les plus horribles persécutions qui ne le cèdent en rien à celles des Nérons , des Dèces , des Dioclétiens. Encore vaincu par la puissance de la Croix, désespérant de pouvoir se relever , il imagine , dans sa malice féconde et inépuisable, un nouveau genre de combats. Il allume au sein de l'Eglise le feu dévastateur de l'hérésie et du schisme ; souffle par-tout l'esprit de révolte, de vertige et de division ; travaille avec une ardeur infatigable à corrompre la doctrine et la morale ; élève des murs de séparation entre les Chrétiens , et se sert des uns pour exterminer les autres. Par-là , il trouve le moyen de satisfaire sa rage , et de soutenir une guerre furieuse contre l'Eglise, encore pendant plusieurs siècles. Cependant, voyant que l'Arianisme , cette épouvantable hérésie, qu'il avoit substituée à l'idolâtrie , étoit sur le point de s'éteindre ; vaincu pour la troisième fois, il va jouer de son reste , et porter à la Religion chrétienne un dernier coup qui sera terrible , dont les suites funestes seront irréparables , et se prolongeront jusqu'à la fin des temps. C'est l'affreuse calamité, contenue sous le quatrième sceau du Livre mystérieux. (*Apoc. c.* 6 , 8.) :

« Et voilà qu'il parut un cheval pâle , et
» un cavalier monté dessus : la Mort étoit son
» nom, et l'Enfer le suivoit; et la puissance
» lui fut donnée sur les quatre parties de la
» terre , (*dans le texte grec*) sur la quatrième
» partie de la terre, pour tuer les hommes
» par l'épée, par la famine, par la mortalité,
» et par les bêtes de la terre. »

Reconnoissez Mahomet , qui est ici dépeint
avec des traits caractéristiques qui le représentent au naturel. Il naquit à la Mecque,
dans l'Arabie , en l'année 571 , d'un père
païen et d'une mère juive, qui étoient tous
deux de la race d'Ismaël, et d'une condition
très-obscure. Devenu orphelin dès sa jeunesse,
il fut élevé par un oncle, qui le mit dans le
commerce. Dans la suite, il devint le régisseur
des affaires d'une riche veuve, et finit par
l'épouser. Tel est le personnage qui , façonné
et inspiré par le Démon, deviendra un jour
l'un des hommes les plus terribles qui aient
jamais existé. Agé d'environ 40 ans , il s'érige
en prophète, et s'étant fait un certain nombre
de partisans, il arbore l'étendard de la révolte,
et se met à prêcher une religion abominable
et sensuelle , le sabre à la main. La prophétie
le représente monté sur un cheval pâle , et
portant le nom de la Mort. En effet , exista-

t-il jamais des dévastateurs plus féroces et plus avides du sang humain que Mahomet et ses successeurs ? l'Enfer le suivoit. Quoi de plus visible ? Les Musulmans, les Sarrazins, les Maures, les Turcs n'étoient-ils pas animés par une légion de démons, ou plutôt n'étoient-ils pas eux-mêmes des démons incarnés ! Quelle cruauté ! quelle férocité ! quelle soif de sang et de carnage ! et sur-tout quelle impiété ! quelle haine implacable contre la Religion du vrai Dieu ! quel zèle infernal pour propager leurs superstitions et leurs impostures ! Chaque page de leur histoire fait hérisser les cheveux sur la tête du lecteur. La puissance lui fut donnée sur la quatrième partie de la terre. Pouvez-vous-en douter, lorsque vous voyez le Mahométisme régner dans la plus belle portion de l'Afrique, dans la majeure partie de l'Asie, et s'étendre jusqu'en Europe ? O profondeur des jugemens de Dieu ! ces belles contrées de l'univers, le théâtre des merveilles du Très-Haut, le berceau de la Religion, le premier héritage de J. C., finissent par devenir la proie de Satan, l'héritage d'un prophète imposteur, l'empire anti-chrétien ! Il eut le pouvoir d'exterminer les hommes par l'épée, par la famine, par la mortalité, par les bêtes de la terre. L'*épée* désigne les combats sanglans et atroces des Mahométans ; la *famine*, les dégâts et les ravages qu'ils causoient dans toutes les contrées qu'ils traversoient ; la *mortalité*, les instrumens destructeurs, les armes à feu recemment inventées, les foudres de guerre, les canons d'une grosseur monstrueuse, dont ils firent un si terrible usage dans le siége de Constantinople ; enfin, les *bêtes de la terre*, désignent leur nombreuse et formidable cavalerie.

Le Mahométisme ! voilà donc le dernier grand coup que Satan porte à l'Eglise de J. C. Quant au schisme des Grecs, qui fait partie du 4.ᵉ âge et qui éclata en 866, on doit le regarder comme le fruit des hérésies qui commencèrent à désoler l'Orient dès le règne du grand Constantin, et dont il resta toujours un germe funeste. Les peuples orientaux avoient fait un abus horrible des grâces du Christianisme ; et s'ils rentrèrent, pour quelque temps, sous le joug de l'obéissance, ils ne laissèrent pas de conserver un esprit de révolte et d'insubordination, un penchant secret pour les erreurs et les nouveautés : ce qui finit par les perdre entièrement. Dieu, après leur avoir prodigué tous les moyens imaginables de salut, notamment dans le concile tenu à Lyon en 1274, et dans celui ouvert à Ferrare en 1438 et continué à Florence ; voyant en eux une opiniâtreté consommée, finit par les abandonner à leur sens reprouvé, et les livra à la puissance mahométane en 1453. Si donc le prophète de la Mecque fut l'instrument dont le Diable se servit pour ravager l'héritage de J. C., il fut, par contre-coup, l'instrument terrible que la justice divine employa pour punir des nations criminelles.

C'est assez parler des exploits de Satan ; il est temps de vous montrer de quelle manière il fut enchaîné. « Je vis descendre du ciel un Ange qui tenoit la clef de l'abîme, et une grande chaîne dans sa main. »

I I.

L'enchaînement de Satan.

2. *Et apprehendit draconem, serpentem antiquum, qui est Diabolus et Satanas, et ligavit eum per annos mille.*

3. *Et misit eum in abyssum, et clausit et signavit super illum, ut non seducat ampliùs gentes, donec consumentur mille anni ; et post hæc oportet illum solvi modico tempore.*

« Et il saisit le dragon, l'antique serpent,
» qui est le Diable et Satan, et le lia pour
» mille ans.

» Et il le précipita dans l'abîme ; ferma la
» porte sur lui et la scella, afin qu'il ne séduise

» plus les nations , jusqu'à ce que mille ans
» soient accomplis. Après quoi il doit être délié
» pour un peu de temps. »

Il seroit absurde de prendre cette prophétie
dans le sens littéral. Puisque Satan est un pur
esprit, il ne peut être attaché avec une chaîne
matérielle, ni être enfermé sous la clef et sous
le scellé. Ce sont donc des expressions purement
allégoriques , qui signifient que la puissance ,
que le démon exerçoit en sa qualité de prince
de ce monde , sera liée, c'est-à-dire, comme
totalement anéantie pendant l'espace de dix
siècles. Il sera relégué dans son empire infernal,
et ne pourra plus exercer ses fureurs et ses
ravages sur la terre , ni s'opposer aux progrès
du Christianisme. En second lieu , il ne nous
paroît pas démontré que Satan ait été banni de
toutes les contrées de l'univers, puisque son
culte n'a cessé de régner dans l'Indostan, dans
la Chine , dans l'Archipel de l'Asie et dans
plusieurs autres régions. Ce qu'il y a de certain,
c'est que, si l'on veut prendre les termes de la
prophétie dans un sens rigoureux, et soutenir
que le dragon infernal ait été réellement enfermé dans l'abîme, sans pouvoir en sortir pendant mille ans, on est au moins forcé d'admettre que ses émissaires, les démons subalternes,
sont restés sur la terre pour tenter les hommes.

Soyez sobres et vigilans, dit l'Apôtre S. Pierre,
parce que le démon votre ennemi, comme un
lion rugissant, rode sans cesse autour de vous,
et cherche l'occasion de vous dévorer. C'est un
article de foi.

Or, si le bon sens nous indique que l'enchaînement de Satan ne doit s'entendre que de la
digue que le Tout-Puissant opposa aux torrens
de sa rage et de sa malice, il s'ensuit qu'il ne
s'est point opéré d'une manière subite, mais
successivement et par dégrés. L'évidence des
faits consignés dans l'histoire, démontre que les
combats que l'Eglise eut à soutenir contre les
efforts du démon, ne cessèrent pas tout-à-coup,
et que ce fut progressivement qu'elle remporta
tant d'éclatantes victoires, et arriva au comble
du triomphe et de la prospérité. Par la même
raison, nous verrons que Satan ne sortira pas
de l'abîme précipitamment, comme un prison-
nier auquel on ouvre la porte du cachot, mais
ne sera mis en liberté, et n'arrivera que par
gradation au faîte de la puissance.

Maintenant, pour fixer la véritable époque
de l'emprisonnement de Satan, et celle de son
élargissement, il faut trouver dans l'histoire
deux événemens fameux, distans l'un de l'autre
de mille ans, dont le premier, qui commence
la période, soit extrêmement heureux pour
l'Eglise, et la mette désormais à l'abri de toute

nouvelle persécution , et dont le deuxième ; qui finit la période, rétablisse le règne du dragon infernal , et lui donne le pouvoir et la facilité de séduire et de tourmenter, comme auparavant , les nations chez lesquelles son culte avoit été aboli.

Or, que l'on parcourt toutes les annales sacrées et profanes, on ne trouvera que deux événemens qui aient ce caractère, c'est-à-dire, dont le premier soit comme le sceau imprimé sur la porte de la prison de Satan, et dont le second soit le signal de son parfait élargissement ; et de plus, qu'entre les deux , il y ait juste un espace de mille ans, ni plus ni moins. Les voici :

L'Eglise, après avoir triomphé de l'idolâtrie, des hérésies et de toutes les superstitions; après avoir porté ses conquêtes jusques aux extrémités de la terre , arrive enfin à ce terme heureux, où il lui est permis de se reposer de ses longues souffrances et de ses glorieux travaux. Un calme profond succède à la fureur des orages : une paix solide et durable devient la récompense de ses victoires. Dieu suscite un prince magnanime, illustre par ses exploits, plus illustre par ses vertus , et par les brillantes qualités de son cœur et de son esprit ; un monarque vénéré, qui fait consister sa principale gloire à procurer la gloire de J. C. ; qui, par le noble usage de

sa

sa puissance , et plus encore par ses exemples ;
fait fleurir et respecter la Religion, et en agran-
dit les héritages ; qui , en un mot, a tous les
caractères d'un grand homme envoyé sur la
terre pour exécuter des desseins de miséricorde.
Il est inutile de nommer Charlemagne. Ce zélé
et puissant protecteur de l'Eglise monte sur
le trône d'Occident en l'an 800, au milieu des
acclamations de tous les peuples soumis à son
vaste empire. Couronné et sacré par le chef de
l'Eglise (Léon III), il confirme toutes les do-
nations faites au Saint-Siége par Pépin , son
auguste prédécesseur , et veut à son tour poser
une couronne sur la tête du Successeur de saint
Pierre , en ajoutant la souveraineté temporelle
à la puissance spirituelle. En cela, Charles le
Grand ne fit que remplir les vues de la divine
providence. Il étoit non-seulement convenable,
mais absolument nécessaire que le Père commun de tous les Fidèles, des Rois comme
des sujets , obligé de veiller sur toutes les
Eglises du monde , d'avoir des relations avec
toutes les Cours, chargé d'une administration
immense , fût établi dans un état de parfaite
indépendance. Ainsi, bien que le royaume de
J. C. ne soit pas de ce monde, son Vicaire, ayant
tant et de si vastes obligations à remplir , ne
devoit dépendre d'aucun maître sur la terre.

Voilà certainement une époque assez fa-

meuse pour mériter d'être l'objet d'une prophétie. C'est celle où le serpent séducteur est
saisi par l'Ange et jeté dans l'abîme. La longue
chaîne qui sert à le lier n'est autre chose que
la puissante et durable protection que l'Eglise
trouve dans Charles le Grand, dans les Rois
Très-Chrétiens ses successeurs, et dans une
multitude de Princes et de Monarques, qui désormais se feront gloire d'être les enfans et les
défenseurs de la Religion catholique. La clef
du cachot et le sceau imprimé sur la porte,
peuvent représenter la double puissance spirituelle et temporelle du souverain Pontife.

C'en est donc fait : Satan, le prince de ce
monde, restera ainsi enchaîné par la puissance
de l'Eglise et par celle des Princes de la terre,
pendant l'espace de mille ans. Ce terme expiré,
il sera délié pour un peu de temps. *Et post
hæc oportet illum solvi modico tempore.* Et
comment pourra-t-il être délié ? Par une nouvelle puissance qui sera suscitée par l'enfer et
qui vaincra les puissances protectrices de l'E-
glise, et détruira l'indépendance de son Chef
visible. Mais observez soigneusement que,
d'après la marche des évènemens humains,
un pareil changement ne pourra se faire su-
bitement. Il faudra nécessairement des pré-
paratifs pour le nouveau règne de Satan.

Jamais, depuis que le monde existe, on n'a

vu les gouvernemens des peuples, passer d'une extrémité à l'autre, sans qu'il y ait eu des faits intermédiaires. Pareillement, si la Religion n'est arrivée que par dégrés au comble de la paix et de la prospérité, elle ne pourra descendre que par dégrés dans un état déplorable de détresse et d'adversité. Ainsi, lorsque la prophétie annonce que Satan sera délié après une révolution de mille ans, elle suppose nécessairement qu'avant l'expiration de ce terme, il y aura des malheurs préliminaires qui iront toujours en augmentant. C'est précisément ce que S. Jean prédit dans la magnifique allégorie des Sauterelles, expliquée dans la première partie de cet Ouvrage.

En 1515, ou environ, un Moine apostat ouvre le puits de l'abîme. Faites attention à cette expression : ce n'est pas encore l'abîme qui est ouvert, mais un puits qui y aboutit par des communications souterraines. *Et aperuit puteum abyssi.* Voilà le commencement des calamités futures. Ce n'est encore qu'une étincelle, mais bientôt elle allumera un incendie épouvantable. Ce n'est encore qu'un petit ruisseau, mais il grossira et formera un torrent impétueux qui arrachera et entraînera tous les obstacles qui arrêtent Satan. D'abord, on voit sortir du puits de l'abîme une foule d'hérétiques. Ce sont les premiers émissaires

de l'antique séducteur des nations, qui viennent lui préparer les voies. Se disant réformateurs de l'Eglise , ils commencent par lui porter des coups terribles. Cependant si , pour
propager leurs erreurs , ils se révoltent contre
les puissances de la terre, ils n'osent pas
mettre en principe qu'il faut renverser les
trônes ; ils affectent, au contraire , dans une
multitude de circonstances , d'être des sujets
soumis et fidèles : à la suite de ces premiers
envoyés de l'enfer , il en arrive d'autres qui
prennent le titre fastueux de Philosophes , qui
ne se disent pas simplement réformateurs de
l'Eglise , mais réformateurs et précepteurs du
genre humain. Ces derniers prennent pour
base de leur doctrine, ce que les premiers
n'employoient que comme un moyen ; c'est-à-
dire , ils ne se contentent pas de se révolter
contre les autorités légitimes spirituelles et
temporelles, mais ils enseignent effrontément
que l'insurrection est le plus saint des devoirs.
Ils ne se proposent rien moins, que de renverser à la fois, et les trônes et les autels ; ils
n'attaquent pas simplement quelques dogmes
isolés de la foi catholique, mais ils poussent
la fureur de l'impiété jusqu'à nier la divinité
de J. C. et de sa Religion. Dès qu'ils se croyent
assez forts, ils font éclater et manifestent au
grand jour les complots détestables qu'ils ont

ourdis et médités dans leurs loges infernales.
Tout-à-coup le royaume Très-Chrétien retentit
de blasphèmes ; l'étendart de la révolte flotte
dans les cités et dans les campagnes ; par-tout
des scènes d'horreurs et de carnage. Déjà le
trône de Charlemagne est renversé. Le sang
du Roi martyr coule au milieu du sang des
Pontifes et des Prêtres. Cependant l'élargissement de Satan n'est pas encore complet ; la
chaîne qui l'arrête n'est pas entièrement brisée.
Et pourquoi ? que faut-il de plus ? C'est que
l'autorité temporelle du souverain Pontife ,
dans la Capitale du monde chrétien , n'est pas
encore anéantie. Son trône , érigé à la place de
celui des Césars , tient encore. Un grand nombre
de puissances protectrices de l'Eglise ; celles
de l'Allemagne, de l'Italie , de l'Espagne ,
du Portugal, forment encore une digue assez
forte pour résister au torrent dévastateur de
l'impiété.

Enfin , arrive l'année 1800 , la millième
après celle de l'intronisation de Charlemagne.
Soyez frappés d'étonnement de voir paroître ,
dans cette même année , à la tête du gouvernement philosophique, sous le titre de premier
Consul, l'Ange de l'abîme , appelé en hébreu
Abaddon, en grec *Apollyon*, en latin *Exter-*
minans. Remarquez cette expression : ils avoient
pour Roi l'*Ange de l'abîme !* Ce n'est plus

simplement le puits de l'abîme qui est ouvert,
c'est l'abîme lui-même. Le sceau imprimé sur
les portes infernales est arraché, et Satan,
entièrement délié, s'empresse de sortir. C'est
lui qui va gouverner dans la personne de
l'homme sinistre qui est son Ange, son envoyé,
son digne représentant; il se nomme Exterminateur ; un nom qui convient parfaitement au
rôle qu'il va jouer. La prophétie dit expressément, que le Dragon infernal sera délié pour
un peu de temps. *Modico tempore.* Oui, sans
doute : mais que le monstre saura bien profiter
du petit nombre d'années qui lui sont accor-
dées! Combien d'affreux ravages, combien de
torrens de sang, d'horribles bouleversemens,
d'effroyables calamités vont signaler sa rage
contre le genre humain, et sur-tout contre
l'Eglise de Jésus-Christ ! Vous admirerez la
clarté du texte sacré qui renferme la description de ces nouveaux exploits de Satan. Il faut
auparavant reposer votre attention sur des
objets plus consolans, et considérer :

I I I.

Le fameux Règne de mille ans.

4. *Et vidi sedes, et sederunt super eas, et
judicium datum est illis, et animas decollato-*

rum propter testimonium Jesu, et propter ver-
bum Dei, et qui non adoraverunt bestiam,
neque imaginem ejus, nec acceperunt cha-
racterem ejus in frontibus suis, aut in manibus
suis, et vixerunt et regnaverunt cum Christo
mille annis.

« Et je vis des trônes, et des personnes qui
» s'assirent dessus, et la puissance de juger
» leur fut donnée. Je vis encore les ames de
» ceux qui ont eu la tête tranchée pour avoir
» rendu témoignage à J. C. et pour la parole
» de Dieu, et de ceux qui n'ont point adoré
» la bête, ni son image ; ni reçu son caractère
» sur le front, ou aux mains ; et ils ont vécu
» et régné avec J. C. pendant mille ans. »

Voilà le texte si mal compris et si mal in-
terprété par les anciens millenaires, dont le
sentiment étoit une espèce d'hérésie, et fut
unanimement rejeté par les orthodoxes dès son
origine.

Quel est donc ce règne de mille ans, sur
lequel on a tant disputé, et qui est une énigme
dont le mot reste encore à deviner ? Serions-
nous assez heureux pour l'avoir découvert ?
Les interprètes catholiques veulent que ce soit
le règne de J. C. et des Saints dans le Ciel,
jusqu'au Jugement universel, de sorte qu'ils

prennent ici le nombre mille, pour un nombre indéterminé. Mais, bien que nous soyons pénétrés de respect et de reconnoissance pour eux, il nous est impossible d'admettre leur sentiment ; et très-probablement, s'ils eussent été comme nous, témoins des derniers évènemens, ils en auroient jugé tout autrement. Leur embarras consistoit à trouver le terme des mille ans, et, ne pouvant lire dans l'avenir l'histoire de l'Exterminateur, ils faisoient aboutir l'enchaînement de Satan, à l'arrivée de l'Antechrist, et le règne de J. C. à la fin des siècles. Dans cet endroit ils se sont certainement trompés. Le règne des Elus, dans le Ciel, est éternel ; loin d'être interrompu à la résurrection générale, il ne deviendra que plus parfait, en ce que leurs corps participeront à la félicité de leurs ames. Dans le texte de la prophétie il s'agit, au contraire, d'un règne purement temporel qui doit durer mille ans, sans rien ajouter ni rien retrancher. Et par quelle raison ? C'est que les mots *mille ans* sont répétés jusqu'à six fois dans six versets consécutifs. Cette répétition affectée indique clairement qu'il faut prendre le nombre désigné à la lettre. Il y a plus ; le règne céleste de J. C. et de ses Saints a commencé au jour de son Ascension : celui dont parle la prophétie ne commence qu'à l'époque où le Dragon infernal est enchaîné. Donc il s'agit d'un règne de mille ans sur la terre.

Mais encore, quelle est la nature de ce règne temporel dans ce monde ? Est-il purement spirituel ? Non, sans doute. Le règne spirituel de J. C. a commencé avec le Christianisme ; on peut même le faire remonter jusqu'à la création. Il étoit déjà l'objet de l'ancienne loi et de toutes les ombres prophétiques. Il falloit croire à son arrivée pour être sauvé. En outre, le règne spirituel de l'Eglise doit durer jusqu'à la consommation des siècles. Ce n'est donc pas simplement un règne de mille ans. Enfin, de quelle espèce de règne s'agit-il ? Pour répondre à cette question, reprenons les paroles du texte sacré.

« Et je vis des trônes, et des personnes qui
» s'assirent dessus. »

Reconnoissez le trône du Vicaire de J. C., placé à côté du siége de S. Pierre, dans la ville de Rome, autrefois la capitale du monde Payen, et aujourd'hui la capitale du monde Chrétien ; les siéges éclatans des Patriarches, des Evêques et de tous les grands dignitaires de l'Eglise. Reconnoissez la puissance temporelle unie à la puissance spirituelle du souverain Pontife, l'éclat qui environne les successeurs des Apôtres, la prodigieuse élévation, l'autorité, les honneurs du Sacerdoce ; son influence toute puissante dans le gouvernement des Etats, les ordonnances et les lois de l'Eglise, religieusement observées par les peuples, par les Magistrats, par les Grands, par les Princes, par les Rois et par les Empereurs. C'est évidemment J. C. qui tient le sceptre ; c'est lui qui gouverne le monde ; c'est lui qui commande par ses Ministres ; tout lui est soumis. Les maîtres de la terre courbent la tête comme les derniers de leurs sujets ; leur dignité suprême ne leur donne aucun privilége, dès qu'il s'agit de l'obéissance due à l'Eglise.

« Et la puissance de juger leur fut donnée. »

Oui, ce sont les Ministres des autels qui président par-tout. Un triple diadême est placé sur la tête du Pontife suprême : le premier désigne sa juridiction sur l'Eglise de Rome, instituée par S. Pierre, dont il est le successeur : le deuxième, sa juridiction sur les Pasteurs et sur les Fidèles : le troisième, sa juridiction sur les Rois. A la vérité, ses Etats temporels sont resserrés dans des limites étroites ; mais, dans l'ordre de la Providence, ils ne sont que le signe de sa souveraine indépendance ; mais il ne laisse pas d'être le pre-

mier et le plus puissant Monarque de l'univers ;
mais son autorité dans l'ordre spirituel, et son
influence dans l'ordre temporel , s'étendent jusques aux extrêmités de la terre. Par-tout, c'est
le Clergé qui forme le premier corps de l'Etat.
Dans toutes les assemblées les plus augustes ,
c'est lui qui est président né. Dans toutes les
listes des cités et des campagnes , c'est lui qui
est placé à la tête. Qu'est-il nécessaire de prolonger ces détails ? La plus légère teinture de
l'histoire suffit pour convaincre qu'il fut un
temps où l'univers obéissoit à J. C., dans la
personne de ses Ministres. Aussi, son signe
étoit placé par-tout , non-seulement sur le
sommet de ses temples, sur ses autels, sur
les bannières de ses adorateurs ; mais il bril-
loit avec majesté sur le diadême des Rois, sur
les étendarts des armées , sur le casque et le
bouclier du guerrier, sur la poitrine des Princes, des grands dignitaires , et de tous les
hommes les plus honorés dans la société. Une
croix étoit la plus belle récompense des vertus ,
des talens et des services ! ! ! Telle étoit la
force de l'influence que la Religion avoit dans
l'ordre social ; elle étoit l'ame de toutes les
opérations ; rien ne se faisoit sans elle, et tout
se rapportoit à elle. Les Souverains, et les
Grands qui entouroient leurs trônes , ou qui
avoient le droit d'en approcher , étoient les

premiers à donner aux peuples l'exemple du respect et de la soumission due à l'Eglise , et à son Chef visible en particulier. Le souverain Pontife étoit chéri comme un père , et respecté comme un maître. Toutes les ordonnances émanées de lui , étoient regardées comme la Loi suprême , parce qu'il commandoit au nom de J. C. ; et c'est dans ce sens qu'il étoit le premier Souverain de la terre. Ce n'étoit point par la force des armées qu'il se faisoit obéir, mais par la force de son autorité. Le pouvoir des autres Pasteurs étoit également proportionné à leur dignité. Un simple Evêque publioit une loi dans son diocèse, soit pour prescrire un jeûne, soit pour ordonner de chommer la fête d'un Saint ; de suite , non-seulement le peuple, mais toutes les autorités civiles obéissoient. Le Prince lui-même se soumettoit ; il ne considéroit pas alors l'Evêque comme son sujet , mais il se considéroit lui-même, comme sujet de l'Eglise.

Voilà , sans contredit , le véritable sens de la Prophétie ; voilà la vraie définition du règne temporel de J. C. sur la terre. Suivez, et il ne vous restera aucun doute sur cette vérité.

« Je vis encore les ames de ceux qui ont
» eu la tête tranchée, pour avoir rendu témoi-
» gnage à J. C., et pour la parole de Dieu. »

Saint Jean parle des martyrs qui ont succombé sous le fer meurtrier des premiers persécuteurs du Christianisme, qui sont principalement les Empereurs païens, les Ariens, les Musulmans.

« Et (les ames) de ceux qui n'ont point
» adoré la bête, ni son image, ni reçu son
» caractère sur le front, ou aux mains. »

Adorer la bête, c'est faire des actions d'idolâtrie ou d'hérésie ; adorer son image, c'est offrir de l'encens aux idoles, aux effigies du Dragon infernal. Recevoir son caractère sur le front, c'est, par exemple, exercer des charges, remplir des missions incompatibles avec la profession du Christianisme. Recevoir son caractère aux mains, c'est porter des signes d'impiété pour éviter la persécution, comme certains chrétiens, qui avoient la lâcheté de recevoir des magistrats, à prix d'argent, des certificats qui attestoient qu'ils avoient sacrifié aux Dieux, quoiqu'ils n'en eussent rien fait.

« Ils ont vécu et régné avec J. C. pendant
» mille ans. »

Touchante vérité ! évidente comme l'existence de l'astre qui nous éclaire ! Oh ! qu'il fut jadis glorieux le règne des Saints sur la terre ! Qu'il en reste encore de magnifiques vestiges ! Superbes basiliques, fastueux monumens érigés sous leur vocable ! qui ne comprend votre sublime langage ? Jadis la terre fut couverte de Temples consacrés aux fausses et absurdes divinités du paganisme : aujourd'hui elle est décorée d'une infinité de Temples majestueux consacrés à la gloire des amis de J. C. N'est-ce pas une preuve parlante et toujours subsistante des honneurs rendus aux Saints par toutes les nations ! Tant et de si fastueux édifices, qui se surpassent en magnificence les uns les autres, et qui portent le nom des Saints auxquels ils sont dédiés, ne vous prouvent-ils pas, mieux que tous les récits de l'histoire, et la célébrité du culte qui leur étoit décerné, et la splendeur des solennités établies pour célébrer leur mémoire ! Aussi leur nom chéri étoit placé à la tête de toutes les institutions, de tous les établissemens, de toutes les corporations, de toutes les sociétés de science, d'art et de profession. Les empires, les royaumes, les provinces, les villes, les bourgades, les hameaux, tous les lieux habités se glorifioient d'avoir un Saint pour protecteur spécial, et célébroient sa fête avec une piété tendre et empressée, avec bien plus de solennité et de jubilation, qu'on ne

célèbre la naissance des Princes et des Rois.
Et , quel nouvel éclat ne jettoit pas sur le
règne de J. C. et de ses élus , l'institution de
tant d'Ordres monastiques , religieux et mili-
taires , dont un grand nombre étoient compo-
sés de tout ce qu'il y a de plus illustre et de
plus auguste dans le monde , et dont les
belles maisons et les superbes héritages couvroient la surface de la terre , et formoient la
décoration des plus vastes cités , comme des
plus profondes solitudes ? Parcourez les villes,
les forêts , les montagnes ; pénétrez dans les
lieux les plus inaccessibles, par-tout vous trouverez les vestiges sacrés , les trophées augustes
du règne de J. C. et des Saints. Hélas ! pourquoi dans notre patrie chérie n'en reste-t-il plus
que de tristes ruines ? Tels les enfans de la captivité, au retour de l'esclavage, pleuroient à la
vue des ruines de Sion !

5. *Cæteri mortuorum non vixerunt* (dans
le texte grec,) *non revixerunt, donec consumentur mille anni. Hæc est resurrectio prima.*

« Les autres morts ne sont point rentrés
» dans la vie, jusqu'à ce que mille ans fussent
» accomplis. Voilà la première résurrection. »

Les autres morts , c'est-à-dire, ceux qui
avoient persécuté, outragé, abjuré la Religion

de J. C., n'ont pas vécu, (*dans le texte grec*) ne sont pas rentrés dans la vie.

Leur mémoire, au lieu d'être honorée, glorifiée comme celle des Saints, étoit tombée dans l'oubli et le mépris, comme dans un état de mort. Il n'étoit plus question des Néron, des Domitien, des Trajan, des Marc-Aurèle, des Sévère, des Maximin, des Décè, des Valérien, des Aurélien, des Dioclétien, des Maximien, des Galère, des Maxence, des Daia, des Licinius; ni des Arius, ni des Julien, ni de tous ces monstres d'impiété, qui paroissoient n'avoir reçu le jour, que pour rendre le jour odieux aux autres mortels, qui n'étoient que les vils instrumens dont le Dragon infernal se servoit pour tourmenter les adorateurs du vrai Dieu. Ce seroit faux de dire qu'on ne prononçoit leur nom qu'avec horreur : personne ne le prononçoit ; il étoit effacé de la mémoire des hommes; il avoit péri avec le fracas qu'ils faisoient dans le monde. *Periit memoria eorum cum sonitu.*

Tandis que les tombeaux de S. Pierre, des Apôtres, des Martyrs, étoient décorés avec magnificence, surmontés de superbes basiliques ; tandis qu'on arrivoit des extrémités de la terre, pour venir les visiter, les mausolées des fiers Césars étoient ignorés et tomboient tristement

tristement en ruine et en poussière , ainsi que
les Temples de leurs absurdes divinités.

« Les autres morts ne sont pas rentrés dans
» la vie jusqu'à ce que mille ans fussent ac-
» complis. »

Ces paroles indiquent clairement que leur
mémoire devoit revivre après dix siècles révo-
lus. Nous est-il possible d'en douter ? Que
n'ont pas fait les philosophes pour ternir la
gloire des héros du Christianisme et pour relever celle des héros de l'idolatrie ! pour ca-
lomnier les Constantins , tous les Princes pro-
tecteurs et amis de la Religion , et pour exal-
ter les Dioclétiens et les Empereurs persécuteurs ? pour obscurcir le mérite éclatant des
saints docteurs ; de tant de beaux génies, qui
ont consacré leurs talens à la Religion , et
pour élever jusques aux nues les faux sages et
même les jongleurs du paganisme! Les misé-
rables ont porté l'effronterie jusqu'à tourner en
dérision les écrits des Prophètes et des hommes
inspirés ; tandis qu'ils ont dépeint comme des
chefs - d'œuvres les plus honteuses productions
des poëtes Païens. Quelque révoltantes et quelqu'amères que soient toutes ces impertinences
philosophiques , elles n'ont pas laissé d'être
adoptées par une multitude de mauvais chré-

G

tiens. Les idées et les maximes païennes n'ont que trop prévalu sur celles de l'Evangile.

Autrefois la science de la Religion faisoit la base fondamentale de l'éducation des enfans : aujourd'hui elle est totalement bannie du plan d'instruction que l'on a adopté, ou , n'est regardée que comme un accessoire de peu d'importance.

Autrefois on enseignoit aux enfans les mystères augustes du Fils de Dieu, et ceux de Marie, la Reine du Ciel : aujourd'hui on leur enseigne la Mythologie, la théologie absurde des Païens.

Autrefois on ornoit la mémoire des enfans des traits qui ont rapport à la vie de J. C. et à celle de tant de Saints fameux, qui figurent dans l'ancien et le nouveau Testament : aujourd'hui on leur farcit la tête des histoires de Jupiter, de Neptune, de Mercure, de Flore, de Cérès, de Diane, et d'un tas de divinités dont le nom seul est une infamie.

Autrefois on formoit le cœur des enfans à la vertu, en leur citant les exemples d'Abel, d'Isaac, de Joseph, de Samuel, de Tobie : aujourd'hui on ne leur cite que les traits des héros de Rome et d'Athènes, ou des exemples pris dans l'histoire des Turcs et des Chinois.

C'est par ces moyens et mille autres semblables, que l'impie cabale est parvenue à obscurcir l'éclat du Christianisme , et à rappeler toutes les idées sur les temps de l'idolâtrie.

Et , non-seulement les Philosophes, ces docteurs de la synagogue de Satan , ont travaillé à faire revivre la mémoire des héros de l'idolâtrie et des antiques superstitions ; mais ils se sont sur-tout appliqués à faire revivre leur cruauté , et à répandre , comme eux , le sang des Chrétiens.

Pour obscurcir la gloire des martyrs et pour infirmer la preuve, qui résulte de leur témoignage en faveur de la Religion , ils n'ont cessé de répéter que leur nombre est très-petit ; que la plupart des supplices dont parle leur histoire , sont fabuleux, attendu que les lois romaines n'en font pas mention.

Il étoit donc réservé à nos indignes Philosophes de nous fournir eux-mêmes la preuve manifeste, que leurs écrits ne sont remplis que d'impostures. N'ont-ils pas répandu le sang des Pontifes , des Prêtres , et des hommes vertueux, avec une rage vraiment infernale ? N'ont-ils pas poussé l'excès de la fureur et de l'impiété jusqu'à immoler sous leur hache l'Oint du Seigneur ? Si de pareilles scélératesses ont été commises par des hommes, nés Chrétiens, qu'y a-t-il encore d'incroyable dans ce que l'on nous raconte des persécuteurs Païens ? Les lois romaines, disent-ils, ne parlent pas

des supplices que l'on faisoit endurer aux martyrs. Qu'ils répondent donc, ces menteurs,
ces vils imposteurs! Les lois françaises parlent-
elles des noyades, des mariages républicains,
des mitrailles, et de tant d'horreurs et d'atro-
cités, dont ils sont les premiers inventeurs!
C'est bien pour le coup qu'on peut leur dire :
Mentita est iniquitas sibi. L'iniquité s'est men-
tie à elle-même.

Ils ont voulu relever la mémoire du paganisme, et l'infamie du paganisme est retombée
sur eux - mêmes ; ils en rougissent maintenant;
ils nient que les scènes d'horreur, dont le souvenir nous fait frémir, soient l'ouvrage de la
philosophie. Ce seroit bon à dire, si nous ne
l'avions pas vu. L'univers entier les accuse et
dépose contre eux. Que leur orgueil reste donc
pleinement et parfaitement confondu.

» Les autres morts ne sont pas rentrés dans
» la vie jusqu'à ce que mille ans fussent ac-
» complis. »

Voulez-vous être convaincus que ces paroles
se sont vérifiées ? écoutez. Mille ans après
l'élévation de Charlemagne sur le trône d'Occident, c'est-à-dire, en l'an 1800, paroît à la
tête du gouvernement des Philosophes, un
homme d'une naissance obscure. Bien qu'il

soit déjà signalé par ses insolences envers le chef de l'Eglise ; aspirant au trône de Charles-le-Grand, il affecte de marcher sur les traces de ce grand homme ; fait semblant de protéger la Religion et se sert de sa puissante influence pour s'élever à la dignité suprème. Afin de mieux en imposer à la multitude, qui ne juge que d'après les apparences extérieures, il force le plus vénérable des Pontifes, à venir le sacrer. Pour prix d'un service si signalé, il part à l'instant, et se faisant couronner Roi d'Italie, il trahit le secret de sa perfide politique, et laisse déjà deviner les desseins hostiles qu'il a conçus dans son cœur contre le Saint-Siége. Dès-lors investi de la puissance, se croyant assez fort, il se soucie fort peu de ressembler encore à Charlemagne, et permet à ses flatteurs de le comparer à Julien l'apostat. Donc, à cette époque, Julien l'apostat passoit pour un grand homme, et sa mémoire étoit en honneur.

Lorsqu'il est question de couronner le nouvel Empereur, comme il n'est point d'armoiries dans sa famille, il lui est libre d'en choisir à son gré. Quel signe prendra-t-il ! Quelle bannière va-t-il substituer à celle des lys, à la bannière des Rois Très-Chrétiens ? Il choisit un Aigle ! ! ! Ne reconnoissez-vous pas l'enseigne des Empereurs romains ? Donc la mémoire des Césars persécuteurs est réhabi-

litée. Il choisit une Aigle qui lance la foudre ! ! !
N'étoit - ce pas pour faire allusion à Jupiter
Capitolin ? Donc on veut rappeler tous les
souvenirs sur les beaux siècles du paganisme ! ! !

Les Rois Très - Chrétiens donnoient pour
décoration une croix : l'Exterminateur décore
ses sujets d'une étoile. N'avoit il pas l'intention d'abolir le signe de J. C. ? Il est vrai que,
par la force de l'habitude, on continue d'ap-
peler cette étoile une croix d'honneur ; mais
qu'est-elle dans la réalité, sinon un nouveau
signe de la bête qui annonce, à ceux qui la
portent, que le Dieu des Chrétiens n'est pas
le Dieu de Napoléon ?

Tout-à-coup les bouches de la renommée
annoncent que le grand Empereur aura un
fils. En effet, au bout de neuf mois, un fils
paroît au jour. Quel apanage donnera-t-on à
cet auguste enfant ? Quel nom portera cet enfant miraculeux ? Il s'appellera le Roi de
Rome ! ! ! Ce n'est donc plus le chef de l'E-
glise qui est Roi de Rome ? Non, sans doute.
Il ne convient pas que le Vicaire de J. C.
règne dans la ville des Césars. Dès-lors il est
résolu qu'il sera horriblement vexé, dépouillé
de sa souveraineté, chassé de ses Etats, et
traîné en captivité. Le grand Napoléon lève
entièrement le masque ; il ne se gêne pas de
déclarer hautement qu'il a reçu une mission

pour abolir enfin la domination des Prêtres.

Rome ne sera plus la capitale du monde Chrétien, ce sera la capitale du monde philosophe ; l'Aigle fulminante y prendra la place de la Croix. La tiare sera réunie à la couronne Impériale, et les Césars revivront. Malheureusement pour Satan, ce grand projet ne fut que commencé, attendu que son nouveau règne ne devoit durer que peu de temps. Passons aux dernières paroles du verset que nous expliquons.

« Voilà la première résurrection. »

Rien n'est plus magnifique que cette parole ! La gloire dont les Saints jouissent sur la terre, en régnant avec J. C., est la première résurrection. Dieu, pour récompenser leurs vertus et leur fidélité, veut qu'ils soient glorifiés dans ce monde, en attendant qu'ils soient pleinement et parfaitement glorifiés à la résurrection générale. Ce qu'il y a de frappant et d'admirable, c'est que, tandis que leurs ames jouissent déjà de la félicité suprême, leurs corps ressuscitent ici-bas et sortent réellement du tombeau. L'Eglise les retire du sein de la terre et les place, tantôt sous la Table sainte, où la Victime auguste est immolée, tantôt à côté de l'Agneau sur l'autel,

Ce ne sont encore que des corps inanimés ; mais ils sont enchassés dans l'or, l'argent, les pierreries ; exposés à la vénération des peuples, et honorés comme les Temples du Saint-Esprit ; destinés à revivre un jour, et à être revêtus de gloire et d'immortalité. Cette résurrection terrestre est appelée la première, parce qu'elle est l'image et le prélude de la résurrection glorieuse qui arrivera à la fin des siècles ; à la suite de laquelle les corps des Saints, impassibles, immortels, spiritualisés, ornés de toutes les beautés, de toutes les grâces, de toutes les amabilités, seront placés sur des trônes resplendissans, dans la céleste Sion, autour du trône de Dieu et de l'Agneau.

Quant aux méchans, dont nous avons parlé, point de résurrection pour eux. L'exécration et l'opprobre sont leur unique partage. A la vérité, l'impiété moderne a cherché à faire revivre leur mémoire ; mais cela n'a servi qu'à les enfoncer plus avant dans l'ignominie. Dès le jour de leur trépas, leurs corps furent oubliés dans la solitude des tombeaux. Personne ne s'avisa de les retirer du sein de la terre, ni de construire des temples sur leur tombe. Si quelques-uns furent placés dans des mausolées, ou sur des colonnes, ils n'en étoient pas plus vénérés. Si des hommes curieux s'en approchoient, ce n'étoit pas pour venir leur rendre des honneurs, mais simplement pour admirer la beauté de leurs monumens.

6. *Beatus et sanctus qui habet partem in resurrectione primâ : in his secunda mors non habet potestatem ; sed erunt sacerdotes Dei et Christi, et regnabunt cum illo mille annis.*

« Heureux et saint est celui qui a part à
» la première résurrection : la seconde mort
» n'aura point de pouvoir sur eux ; mais ils
» seront les Prêtres de Dieu et de J. C., et
» ils régneront avec lui mille ans. »

Le bonheur et la sainteté consistent à mériter d'avoir part à la première résurrection. Les élus et les fidèles adorateurs de J. C. sont deux fois heureux ; heureux sur la terre, par la gloire du culte qui leur est décerné ; par les honneurs que toutes les nations s'empressent de rendre à leur mémoire ; par la profonde vénération qu'inspire aux hommes le souvenir de leurs vertus et de leurs belles actions ; par la tendre confiance avec laquelle on les invoque ; par la douce jouissance de voir la terre couverte des temples et des trophées érigés sous leur vocable ; heureux dans l'éternité ; leur gloire terrestre n'est que la figure et le prélude de la gloire immortelle qui leur est assurée à jamais. « La seconde mort n'a point de pouvoir sur eux. » Lorsque le Fils de Dieu viendra à la fin des jours , juger l'univers , ils seront placés à la droite. Ils n'ont plus à craindre une sentence de malédiction ; ils ne sont plus exposés à partager le sort épouvantable des adorateurs de la bête , qui seront précipités dans un étang de feu et de soufre ; car c'est là ce que S. Jean entend par la seconde mort , ainsi qu'il l'explique lui-même.

« Mais ils seront les Prêtres de Dieu et de » J. C. et ils régneront avec lui mille ans. »

Ces dernières paroles paroissent être ajoutées par le Prophète, pour mieux faire sentir, que le règne de mille ans , dont il vient de donner la description, consiste principalement dans la gloire et la puissance du sacerdoce de J. C. , ainsi que nous l'avons expliqué.

Voyons maintenant ce qui doit arriver après les mille ans accomplis. Examinons si, dans les nouveaux exploits de Satan que la prophétie annonce , nous reconnoîtrons les événemens de la Révolution.

I V.

Satan déchaîné.

7. *Et cùm consummati fuerint mille anni, solvetur Satanas de carcere suo, et exibit, et seducet gentes quæ sunt super quatuor angulos terræ, Gog et Magog ; et congregabit eos in prælium, quorum numerus est sicut arena maris.*

« Et après que les mille ans seront accom-
» plis, Satan sera délié et sortira de sa prison,
» et séduira les nations qui sont aux quatre
» coins du monde, Gog et Magog, et il les
» assemblera pour combattre : leur nombre
» sera comme le sable de la mer. »

C'est en l'an 1800 que l'on vit paroître l'Ange de l'abîme revêtu du pouvoir suprême, et que les portes infernales s'ouvrirent pour laisser sortir Satan en pleine liberté ; il n'eut pas grande peine à séduire les nations, qui sont aux quatre coins du monde. Les émissaires envoyés auparavant pour lui préparer les voies, avoient parfaitement rempli leur mission. A cette époque les ramifications de la cabale impie s'étendoient par des com-

munications souterraines et ténébreuses, jusques aux extrémités de la terre. Cependant, à
considérer l'état des choses sous un autre aspect, on espéroit que les hommes, qui avoient
été témoins des horreurs et des crimes de la
philosophie, en seroient désabusés et finiroient
par l'avoir en exécration. Vaine conjecture !
ce fut tout le contraire. L'impiété en peu
d'années fit des progrès effrayans, et se pro-
pagea avec une surprenante rapidité. La corruption des mœurs devint horrible. L'incrédulité pénétra jusques dans la cabane du berger,
au milieu des profondes solitudes. Il étoit visible que le maître étoit à la tête de l'ouvrage.
Pour mieux réussir à tromper les hommes, le
serpent séducteur inspira à son Ange visible
de supprimer les persécutions ouvertes et sanglantes, pour y substituer des persécutions
sourdes et cachées, bien plus perfides et plus
dangereuses, de ne point attaquer la Religion
par les moyens usités, mais de la miner secrè-
tement ; de la faire tomber dans le mépris et
l'avilissement ; de tenir ses ministres et ses défenseurs dans l'esclavage ; de confier l'éducation de la jeunesse à des hommes initiés dans
les mystères de la secte anti-Chrétienne, ou
à des Prêtres apostats ; d'instituer des écoles
d'athées et d'impies habiles à propager les
principes de l'irreligion et de l'immoralité

sous les dehors de la science et de la sagesse ;
d'établir une inspection sévère sur l'imprimerie,
pour empêcher la circulation des écrits favo-
rables à la Religion catholique, pour ne laisser paroître les ouvrages anciens et estimés,
qu'après les avoir empoisonnés du venin de
l'incrédulité ; de ne donner les charges publi-
ques qu'à des sujets dévoués à la cause de l'enfer ; de porter cette dernière précaution jusqu'à
placer dans les villages des magistrats Philosophes.

Outre ces moyens de séduction, qui sont
avérés, qui sont manifestes pour tous les
hommes qui n'ont point entièrement perdu
la vue, le Dragon infernal employoit des ruses
mille fois plus abominables. Ses agents four-
milloient dans les cabinets des Princes et
même dans les sanctuaires de la Religion. Mais
il est prudent de tirer le voile sur certains
mystères d'iniquité. Il y a des horreurs qui doivent rester ensevelies dans les ténèbres jusqu'au grand jour des révélations et des vengeances.

« Satan séduira les nations qui sont aux
» quatre coins du monde, Gog et Magog. »

Pour l'intelligence de ce passage, il est
nécessaire d'avoir connoissance d'une pro-

phétie magnifique , et très - détaillée , qui se
trouve dans Ezéchiel, ch. 38 et 39, et que les
auteurs les plus habiles dans l'interprétation
des Livres saints appliquent à la fameuse expédition d'Holopherne , généralissime des armées
de Nabuchodonosor, roi d'Assyrie. Pour vous
épargner la peine de la chercher, nous rappor-
terons ici les principaux passsages, et ensuite
nous reviendrons à notre sujet.

Ezéch. ch. XXXVIII.

« Le Seigneur me parla encore et me dit :
» Fils de l'homme, tournez le visage vers Gog,
» vers la terre de Magog, vers ce prince et ce
» chef de Mosoch et de Tubal ; et prophétisez
» sur lui.

» Et vous lui direz : Voici ce que dit le
» Seigneur Dieu : Voici que je viens à vous ,
» Gog, prince et chef de Mosoch et de Tubal.
» Je vous ferai tourner de toutes parts , et je
» vous mettrai un frein aux mâchoires : je vous
» ferai sortir , vous et toute votre armée , les
» chevaux et les cavaliers tous couverts de cui-
» rasses, qui viendront en grandes troupes,
» armées de lances, de boucliers et d'épées.

. . . .

» Préparez-vous, disposez-vous avec toute cette
» troupe nombreuse, qui s'est assemblée auprès

» de vous, et soyez le chef dont ils prennent
» l'ordre. . . . .
» Voici ce que dit le Seigneur Dieu : En ce
» jour-là vous formerez des desseins dans votre
» cœur, et vous prendrez une résolution très-
» criminelle.

 » Et vous direz : Je viendrai dans un pays
» sans murailles et sans défense ; j'attaquerai
» des gens qui sont en paix, et qui se croient
» dans une pleine assurance ; qui habitent tous
» des villes sans murailles, et où il n'y a ni
» barrières, ni portes.

 » Vous n'y viendrez que pour vous enrichir
» des dépouilles, pour vous charger de butin
» et de pillage ; et porter votre main cruelle
» sur ceux qui, après avoir été abandonnés, ont
» été rétablis, et sur un peuple qui a été ras-
» semblé des nations, et qui commençoit à ha-
» biter et à posséder un coin de terre au mi-
» lieu du monde. . . . .
» Et vous viendrez fondre sur mon peuple
» d'Israël, comme une nuée pour couvrir
» toute la terre : *Vous serez dans les derniers*
» *jours*, et je vous ferai venir sur ma terre ;
» afin que les nations me connoissent, lorsque
» j'aurai fait paroître en vous ma puissance, et
» ma sainteté à leurs yeux, ô Gog !. . . . . .
 » Il arrivera en ce jour-là, en ce jour de
» l'arrivée de Gog sur la terre d'Israël, dit le

» Seigneur ; que mon indignation passera jus-
» qu'à la fureur.

» J'ai parlé dans mon zèle et dans le feu de
» ma colère, qu'il y aura un grand trouble et
» une grande consternation dans la terre
» d'Israël. . . . .

» Les montagnes (les royaumes) seront ren-
» versées, les haies (les limites des états)
» seront arrachées, et toutes les murailles (les
» forteresses) tomberont par terre.

» Et j'appellerai contre Gog l'épée sur toutes
» mes montagnes, dit le Seigneur Dieu ; et ils
» tourneront tous l'un contre l'autre la pointe
» de leurs épées.

» J'exercerai mes jugemens sur lui, par la
» peste, par le sang, par les pluies violentes,
» des grêles de pierre, et je ferai pleuvoir des
» pluies de feu et de souffre sur Gog, sur son
» armée, et sur tous les peuples qui seront
» avec lui. »

Ezéch. ch. XXXIX.

« Mais vous, fils de l'homme, prophétisez
» contre Gog, et dites-lui : Voici ce que dit
» le Seigneur Dieu : Voilà que je viens à vous,
» Gog, prince et chef de Mosoch et de Tubal.
» Je vous ferai tourner de toutes parts ; je vous
» ferai marcher ; et je vous ferai venir des
» climats

» climats de l'aquilon, et je vous amènerai sur
» les montagnes d'Israël.

» Je briserai votre arc dans votre main gau-
» che, et je ferai tomber vos flèches de votre
» main droite.

» Vous tomberez sur les montagnes d'Israël,
» vous et toutes vos troupes, et tout votre
» peuple qui est avec vous. Je vous ai livré aux
» bêtes farouches, aux oiseaux, et à tout ce
» qui vole dans l'air, et aux bêtes de la terre,
» afin qu'ils vous dévorent.

» Vous tomberez au milieu des champs,
» parce que c'est moi qui ai parlé, dit le Sei-
» gneur Dieu.

» J'enverrai le feu sur Magog, et sur ceux
» qui habitent en assurance dans les îles ; et ils
» sauront que c'est moi qui suis le Seigneur.

» Je ferai connoître mon saint Nom au mi-
» lieu de mon peuple d'Israël : je ne laisserai
» plus profaner mon saint Nom, et les nations
» sauront que c'est moi qui suis le Seigneur,
» le Saint d'Israël. . . . .

(Le passage ici supprimé est une longue et
superbe description de la défaite de Gog et de
son armée. C'est visiblement l'histoire d'Holopherne devant Béthulie.)

» Et vous, ô fils de l'homme ! voici ce que
» dit le Seigneur Dieu : Dites à tous les oiseaux,

» à tout ce qui vole dans l'air, et à toutes les
» bêtes de la terre : Venez toutes ensemble,
» hâtez - vous, accourez de toutes parts à les
» victime que je vous immole, à cette grande
» victime que j'ai fait égorger pour vous sur la
» montagnes d'Israël ; afin que vous en mangiez
» la chair, et que vous en buviez le sang.

» Vous mangerez la chair des forts, et vous
» boirez le sang des princes de la terre, des
» béliers, des agneaux, des boucs, des tau-
» reaux, des oiseaux domestiques, et de tout
» ce qu'il y de plus délicat.

» Et vous mangerez de la chair grasse, jus-
» qu'à vous en souler ; et vous boirez le sang de
» la victime que j'immolerai pour vous, jusqu'à
» vous énivrer.

» Et vous vous soulerez à ma table de la
» chair des chevaux et de la chair des cavaliers
» les plus braves, et de tous les hommes de
» guerre, dit le Seigneur Dieu.

» Et j'établirai ma gloire parmi les nations,
» et toutes les nations verront le jugement
» que j'aurai exercé contre eux, et elles recon-
» noîtront ma main puissante, que j'aurai
» appesantie sur eux. »

Telle est la célèbre prophétie d'Ezéchiel sur
Gog et Magog.

Or maintenant, il ne nous seroit peut-être

pas impossible de montrer que, dans cette brillante prédiction, le Prophète a eu deux personnages en vue. Par exemple, pourquoi la
défaite de l'armée de Gog est-elle racontée de
deux manières bien différentes ? Dans la première partie, il est dit : « J'exercerai mes
jugemens sur lui par la peste, par le sang, par
les pluies violentes et par des grêles de pierres ;
et je ferai pleuvoir des pluies de feu et de
soufre sur Gog, sur son armée, et sur tous
les peuples qui seront avec lui. » Voilà précisément comme nous avons vu naguère périr
de belles et d'immenses armées. Ensuite, dans
la seconde partie, le Prophète raconte la défaite de l'armée de Gog avec des circonstances
qui caractérisent d'une manière frappante celle
d'Holopherne devant Béthulie.

Nous pourrions demander encore, si le Gog
d'Ezéchiel ne désigne aucun autre personnage
qu'Holopherne ; comment peut-il être roi de
Magog, chef de Mosoch et de Tubal ? Holopherne étoit général de l'armée assyrienne ;
or les Assyriens descendoient d'Assur, enfant
de Sem, fils de Noë. Au contraire, Magog et
ses deux frères Mosoch et Tubal, étoient trois
enfans de Japhet, qui eut en partage l'Europe
et une partie de l'Asie vers le nord. Et ce qu'il
faut très-soigneusement remarquer, c'est que
tous les savans qui ont le mieux approfondi

ce qui concerne la filiation des peuples, enseignent d'une voix unanime, que l'Europe a été peuplée par Gomer, fils aîné de Japhet, et par ses frères Magog, Mosoch, Tubal, et par un autre patriarche nommé Ross, qui selon ces mêmes savans, étoit un fils ou un petit-fils de Magog. D'après ce système, fondé sur les Livres saints qui disent expressément, que l'Europe fut le partage de la postérité de Japhet, et de plus appuyé sur les recherches des hommes les plus érudits, il suit évidemment que les Lombards, les Francs, les Germains, tous les peuples qui habitent sur le Rhin et sur la Loire, sont les enfans des patriarches qui ont peuplé le nord, c'est-à-dire, de Magog, de Mosoch et de Tubal. D'après ces observations, et plusieurs autres semblables, que nous pourrions ajouter, et qui n'ont pas mal embarrassé les interprètes, qui ont voulu appliquer toute la prophétie à Holopherne, généralissime des armées de Nabuchodonosor l'assyrien ; il seroit permis de conclure que Gog désigne deux personnages, dont l'un dévoit paroître sur la fin des temps de la loi mosaïque, et l'autre sur la fin des temps de la loi évangélique ; en sorte que le premier auroit été la figure du dernier. Mais nous n'avons pas besoin de faire valoir toutes ces raisons pour tracer l'histoire du Gog de l'Apocalypse, auquel il est temps de revenir. Commençons par répéter le texte :

« Satan séduira les nations , qui sont aux
» quatre coins du monde, Gog et Magog. »

A coup sûr, S. Jean n'a pas ici prétendu dire une chose absolument incompréhensible et vide de sens. Que signifieroient les mots Gog et Magog, s'ils ne se trouvoient déjà expliqués d'avance dans les Livres saints ? Donc ce passage fait allusion à la prophétie que nous venons de rapporter, et signifie qu'après le règne de mille ans, il paroîtra un personnage semblable à Gog, roi de Magog, dont parle Ezéchiel, un homme de sang, un féroce conquérant, un dévastateur, un persécuteur des enfans d'Israël, qui à la tête de ses armées innombrables, parcourra le monde, s'enrichira des dépouilles des nations, laissera par - tout les traces sanglantes de sa fureur et sur-tout de ses rapines, se jettera sans ménagement sur les peuples qu'il croira hors d'état de se défendre, bouleversera les royaumes, arrachera les bornes des États, prendra les forteresses, répandra par-tout l'effroi et la consternation, mettra les contrées à feu et à sang, formera les projets les plus insensés et les plus criminels ; et pour comble d'excès ravagera l'héritage du Seigneur, et par ce dernier trait de sa démence et de son aveugle ambition, achèvera de combler ses crimes, d'attirer sur lui et sur ses armées les vengeances célestes, et finira par faire une chûte d'autant plus profonde, plus humiliante et plus terrible, qu'il aura été plus élevé, plus orgueilleux, et plus redouté. A ces traits vous reconnoissez l'Exterminateur, qui a paru mille ans après Charlemagne : voilà le Gog ou l'Holopherne moderne, le terrible roi de Magog.

« Et il (Satan) les assemblera pour com-
» battre : leur nombre sera comme le sable de
» la mer. »

Rappelez un instant vos tristes souvenirs sur les scènes de sang et de carnage qui se sont passées dans l'Espagne, dans l'Italie, dans les cercles de la Germanie, dans l'Autriche, dans la Prusse, dans la Saxe, dans la Pologne, dans la Lithuanie, dans la Russie ; ensuite revenez sur vos pas, et recommençant le même voyage, comptez toutes les batailles encore plus san-glantes et plus effroyables, qui se sont renou-velées à diverses reprises, dans toutes ces mêmes contrées, non compris les petits coins et recoins, et finalement au cœur même de la France, où étoit le trône de la bête. Satan étoit si bien en train d'exterminer, qu'il vou-

loit encore recommencer l'année dernière ;
mais heureusement pour l'humanité , cela lui
a f..rt mal réussi. Bien qu'il eût des armées
innombrables comme les sables de la mer , il
en a pourtant vu la fin. Il ne lui reste plus
que la rage pour toute ressource. Nous espérons
que Dieu, qui l'a confondu, ne tardera pas à
le renvoyer dans l'abîme. C'est ce que la prophétie va bientôt nous annoncer.

8. *Et ascenderunt super latitudinem terræ,
et circuierunt castra Sanctorum , et civitatem
dilectam.*

« Et je les vis se répandre sur la surface de
» la terre , et environner les camps des Saints
» et la ville bien-aimée. »

Rien n'est plus frappant que l'application
de ce texte aux événemens que nous avons vus.
« Ils se répandirent sur la surface de la terre. »
Quels sont les pays de l'Europe, où les armées
du Gog moderne n'aient porté leurs ravages ?
Depuis Madrid jusqu'à Moscow est-il un seul
État, une seule province, une seule cité, une
seule bourgade , un seul hameau qui n'ait été
dévasté ! Qu'est-il nécessaire d'employer nos
propres expressions ? prenons celles de l'Ecriture. Voici ce que dit le Seigneur à Gog :

« Je vous ferai tourner de toutes parts, et je
» vous mettrai un frein aux mâchoires: je vous
» ferai sortir, vous et toute votre armée, les
» chevaux et les cavaliers tous couverts de cui-
» rasses, qui viendront en grandes troupes,
» armés de lances, de boucliers et d'épées.....
» Et vous direz : Je viendrai dans un pays sans
» défense et sans murailles ; j'attaquerai des
» gens qui sont en paix et qui se croyent dans
» une pleine sécurité..... Vous n'y viendrez
» que pour vous enrichir des dépouilles, pour
» vous charger de butin et de pillage..... »
Hé bien, ne sont-ce pas là les traits du Gog
que nous avons vu paroître de notre temps ?
Vous allez le reconnoître encore mieux.

« Et ils environnèrent les camps des Saints
» et la ville bien-aimée. »

Un camp, c'est un lieu avantageusement
situé et ordinairement fortifié, où les guerriers
se retirent soit pour se défendre, soit pour se
trouver réunis lorsqu'il s'agit d'attaquer. D'après
cette exacte définition, il est naturel d'entendre
par les camps des Saints, les Eglises où les
Fidèles se rassemblent pour demander à Dieu
les grâces, les forces qui leur sont nécessaires
pour combattre l'ennemi du salut : les monastères, les maisons religieuses, où se retirent

une multitude de personnes de l'un et l'autre sexe, pour se mettre à l'abri des dangers du monde et pour combattre contre le Démon avec plus de sécurité ; les édifices construits pour former des asiles à la vertu et à l'innocence, et pour l'éducation de la jeunesse. Or, ne savez-vous pas de quelle manière les armées et les agens du Gog moderne ont traité les camps des Saints ? N'ont-ils pas enlevé les richesses des sanctuaires, profané les églises, dévasté les monastères, en Espagne, en Italie et dans la plupart des contrées qu'ils ont occupées ou simplement traversées ? N'ont-ils pas fait dans ce genre des horreurs, des abominations qui font frémir ? A ces œuvres, reconnoissez l'Ange de l'abîme.

« Ils ont environné la ville bien-aimée. »

Où étoit donc la ville bien-aimée, lorsque S. Jean écrivoit ? Etoit-ce Jérusalem, la ville des Juifs déicides, renversée de fond en comble par les Romains, en punition de sa monstrueuse infidélité ? étoit-ce quelqu'autre cité ? Mais toutes les autres villes étoient païennes. Donc il s'agit d'une ville qui n'existoit pas encore, mais qui existe aujourd'hui : c'est la nouvelle Rome bâtie sur les ruines de l'ancienne. Elle est appelée Bien-aimée, parce que c'est-là où J. C. règne dans la personne du souverain

Pontife ; c'est-là où est placé le siége de saint Pierre , le centre de l'unité catholique. Voilà la ville bien-aimée dont parle la prophétie. Or , ignorez-vous tout ce qui s'est passé dans cette capitale du monde Chrétien et dans tous les lieux d'alentour ? Vous n'exigez pas , sans doute , qu'on vous rappelle les indignes traitemens qui furent exercés contre les amis et les fidèles sujets du Pape , contre les princes de l'Eglise, contre les Pontifes qui demeurèrent tous fidèles, contre les Généraux des ordres religieux , et enfin contre le Chef de l'Eglise lui-même. O tristes et lugubres souvenirs ! alors on voyoit clairement que Satan étoit pleinement et parfaitement déchaîné ; mais écoutez : voici la fin qui s'approche. De pareils attentats étoient trop monstrueux pour ne pas mériter un prompt et terrible châtiment.

V.

La punition de Gog, roi de Magog.

9. *Et descendit ignis de cœlo, et devoravit eos.*

« Et il descendit du ciel un feu qui les
» dévora. »

C'est le feu de la colère de Dieu. Ici nos

paroles seroient trop foibles ; nous aurons encore recours à celles d'Ezéchiel , en nous per-
mettant néanmoins d'y ajouter un léger com-
mentaire.

« J'appellerai contre Gog l'épée sur toutes
» mes montagnes, dit le Seigneur Dieu; et ils
» tourneront tous l'un contre l'autre la pointe
» de leurs épées. »

Dieu s'est servi des puissances de la terre
pour anéantir celle de l'Ange de Satan.

« J'exercerai mes jugemens sur lui, par la
» peste, par le sang, par les pluies violentes
» et par les grèles de pierre, et je ferai pleu-
» voir des pluies de feu et de soufre sur Gog,
» sur son armée et sur tous les peuples qui
» seront avec lui. »

Les armées du Gog moderne ont été mois-
sonnées tantôt par des maladies pestilentielles,
tantôt par les combats sanglans, tantôt par la
fureur des orages , au milieu des eaux et des
marais, tantôt par des pluies de feu et de soufre, c'est-à-dire, par le feu des carabines et de
l'artillerie, notamment dans la dernière bataille
en 1815 , où tous les fléaux de Dieu paroissoient réunis. Observez en passant , qu'on ne
lit rien de semblable dans l'histoire d'Holo-

pherne. Nous ne prétendons pas enseigner ; mais nous croyons fermement que le Gog d'Ezéchiel est un personnage double , et qu'il représente non-seulement le général assyrien , mais bien plus spécialement le Gog de l'Apocalypse. Faites attention au texte qui va suivre : il nous paroît infiniment frappant.

« Voici ce que dit le Seigneur Dieu : Voilà
» que je viens à vous, Gog , prince et chef de
» Mosoch et de Tubal ; je vous ferai tourner
» de toutes parts ; je vous ferai marcher ; et je
» vous ferai venir des climats de l'aquilon ,
» et je vous amènerai sur les montagnes
» d'Israël.»

Napoléon commandoit une armée composée des descendans de Magog, de Mosoch et de Tubal. Après avoir tourné de toutes parts et marché sous les ordres d'une justice vengeresse, il arrive dans les climats de l'aquilon , à Moscow. Là on lui dit : N'avance pas plus loin : c'est ici le terme de tes prétendus fameux exploits. Retourne sur tes pas bien plus vîte que tu n'es venu. Je t'amènerai sur les montagnes d'Israël, dans le royaume très-chrétien et dans les pays où la Religion du vrai Dieu n'a cessé de régner, et c'est-là où ton orgueil finira d'être confondu.

« Je briserai votre arc dans votre main gau-
» che, et je ferai tomber vos flèches de votre
» main droite. Vous tomberez sur les monta-
» gnes d'Israël, vous et toutes vos troupes,
» et tout votre peuple qui est avec vous. »

Qu'on se rappelle tous les revers affreux
qui furent la suite de celui que Gog venoit
d'éprouver dans la Russie. Il se défendit comme
un tigre ; mais son arc fut brisé, ses flèches lui
furent arrachées des mains. Il perdit ses alliés.
Il acheva de fondre toutes ses troupes à la bataille de Leipsic, et dans les combats qui
ensanglantèrent le sol de la France. L'année
passée encore, Satan fit des efforts prodigieux
pour relever la gloire de son Ange visible, mais
ce ne fut que pour achever d'accomplir la prophétie, dans la dernière bataille, où périt sa
dernière armée.

« Je vous ai livré aux bêtes farouches, aux
» oiseaux et à tout ce qui vole dans l'air, et
» aux bêtes de la terre, afin qu'ils vous dé-
» vorent. Vous tomberez au milieu des champs,
» parce que c'est moi qui ai parlé, dit le Sei-
» gneur. »

Ceci est une conclusion générale. C'est sur-
tout dans les champs de Moscow que les bêtes

de la terre se sont soulées de la chair et énivrées du sang de la victime que le Seigneur leur avoit immolée. Quelle horrible magnificence dans la description de ce festin !

« Dites à tous les oiseaux, à tout ce qui
» vole dans l'air, et à toutes les bêtes de la
» terre : Venez toutes ensemble ; hâtez-vous,
» accourez de toutes parts. . . . . . . »

« Vous mangerez la chair des forts, et vous
» boirez le sang des princes de la terre. »

De ces braves qui se croyoient invincibles ; de ces grands dignitaires, si fiers de leurs habits dorés et de leurs décorations ; de ces princes faits sur place, portant le nom des pays qu'ils venoient de brûler et de dévaster, et dans lesquels ils devoient laisser leurs ossemens.

« Vous vous soulerez de la chair et vous vous
» énivrerez du sang des béliers et des agneaux.»

C'est-à-dire, des généraux, des officiers et des simples soldats.

« Des boucs, des taureaux. »

De certains hommes horriblement démoralisés, abrutis par le libertinage, furieux, irascibles, couverts de crimes et d'infamie, qui ne sont arrivés là que pour recevoir le juste salaire de leur scélératesse.

« Des oiseaux domestiques. »

De ceux qui voltigeoient à la suite de l'armée pour conduire les bagages, pour vendre des subsistances, et plus encore pour voler et pour piller.

« Et de tout ce qu'il y a de plus délicat. »

Sanglante ironie ! c'est une justice vengeresse qui avoit ordonné et disposé le festin : les mets étoient choisis. Il y avoit entre autres, sur la table, des oiseaux et des animaux sauvages, beaucoup de ces jeunes gens, qui méprisent l'autorité paternelle et toutes les lois divines et humaines, s'imaginant n'être au monde que pour satisfaire impunément leurs penchans fougueux et déréglés. Les Livres saints nous apprennent que c'est là ce qu'il y a de plus délicat pour les oiseaux des étangs.

« Et vous mangerez de la chair grasse, » jusqu'à vous en souler. . . . . »

Vous dévorerez cette foule de parvenus qui

se sont engraissés de la substance des malheu-reux , qui ont doré leurs chars avec l'or du sanctuaire ; . . . . . . qui s'étoient soulés eux-mêmes de tous les genres de crimes imaginables.

« Vous vous soulerez à ma table de la
» chair des chevaux et des cavaliers les plus
» braves. . . . . »

Jamais, depuis que le monde existe , on avoit vu une armée de cavalerie périr d'une manière plus prompte et plus déplorable. Rappelez-vous les fameux bulletins.

« Et j'établirai ma gloire parmi les nations,
» et toutes les nations verront le jugement
» que j'aurai exercé contre eux. . . . . »

Malheur aux hommes assez aveugles pour ne point apercevoir la main de Dieu dans de pareils évènemens ; assez insensés pour ne pas profiter de si terribles leçons !

VI.

V I.

Rentrée de Satan dans sa prison infernale.

9. *Et Diabolus, qui seducebat eos, missus est in stagnum ignis et sulphuris.* . . . .

« Et le Diable qui les séduisoit, fut jeté
» dans l'étang de feu et de soufre. . . . .

Satan ne devoit être délié que pour un peu de temps ; son expédition étant terminée , il est précipité dans l'étang de feu et de soufre , non précisément pour y être tourmenté , puisqu'il emporte l'enfer avec lui , en quelqu'endroit qu'il aille ; mais pour qu'il soit dans l'impossibilité de séduire les nations plus longtemps. C'est assez pour cette fois. Il ne pourra plus rien entreprendre de nouveau , jusqu'à ce que la 6.me trompette annonce l'arrivée de l'Ante-Christ. Alors le Dragon infernal viendra faire sur la terre une incursion , qui sera la dernière , mais aussi la plus terrible.

Nous nous empressons de répéter ici ce que nous avons dit dans la première partie de cet Ouvrage, qui a paru au commencement du mois de mars de la présente année 1816.

I

Le parti de l'impiété est définitivement confondu. Tout ce qu'il voudra encore entreprendre , ne servira qu'à l'écraser entièrement.
Dans l'instant même que nous écrivons ceci ,
de nouveaux complots viennent de se manifes-
ter ; ils ne prouvent autre chose sinon l'aveuglement et la rage de certains hommes , qui
sont condamnés à *se mordre la langue* , et
qui ne pouvant supporter un tel supplice , font
leurs derniers efforts pour ressaisir le gou-
vernail de la barque de Satan. Ils auront beau
faire , ils ne la retireront pas du marais où elle
est enfoncée.

Et quels sont donc les signes manifestes qui
nous annoncent que les pouvoirs du serpent
séducteur sont expirés pour les temps actuels ?
Les voici : son Ange visible , l'homme terrible
appelé dans la prophétie précédente, l'Exterminateur, et dans celle-ci , Gog, Roi de Magog , a disparu , et a disparu d'une manière
qui est faite pour étonner les esprits les plus
incrédules. En 1800 , il est revêtu de la puissance ; en 1815 , il est enseveli tout vivant
dans un tombeau lointain. Or , l'an 1800 est
l'époque où Satan est délié ; et l'an 1815 est
l'époque où se terminent les cinq mois désignés
pour le règne de l'hérésie de Luther ; et les
cinq autres mois accordés au règne de la philosophie , formant en total 300 ans.

(131)

Réfléchissez, combinez, arrangez cela comme
vous voudrez, il vous sera difficile de vous persuader que de pareils rapprochemens soient un
pur effet du hasard , sur-tout si vous considérez la justesse extrême qui existe entre toutes
les paroles de la prophétie et tous les évènemens. Autres signes consolans. Tous les complots que Satan avoit ourdis et entrepris d'exécuter, sont parfaitement déjoués. Le Chef visible de l'Eglise a repris le sceptre dans la
capitale du monde Chrétien. Le trône des
Rois Très-Chrétiens est rétabli sur sa base
antique. Les puissances catholiques de l'Espagne, de l'Allemagne, de l'Italie , sont réta-
blies dans leurs Etats respectifs, et ont recou-
vré leurs prérogatives. Tout nous annonce
que l'Eglise de J. C. ne tardera pas à être
consolée de ses longues souffrances et goûtera
les doux fruits de la victoire, après tant de
glorieux combats. Il nous reste à examiner les
dernières paroles de la prophétie. Elles nous
étonnent, et elles vous étonneront aussi : bien
que nous n'ayons pas l'intention de vous les
expliquer clairement.

10. . . . . . *In stagnum ignis et sulphuris ubi*
et bestia et speudopropheta cruciabuntur die
ac nocte in secula seculorum.

« . . . . . Dans l'étang de feu et de soufre,

» où la Bête et le faux Prophète seront tour-
» mentés jour et nuit dans tous les siècles
» des siècles. »

Mystère épouvantable ! Quelle est cette
Bête? Quel est ce faux Prophète? Tâchez de
le comprendre par la lecture du passage sui-
vant, qui est une description prophétique de
la défaite de l'Ante-Christ.

Apoc. C. XIX, verset 11 et suivans.

« Je vis ensuite le Ciel ouvert, et il parut
» un cheval blanc ; et celui qui étoit dessus,
» s'appeloit le Fidèle, et le Véritable, qui juge
» et qui combat avec justice. »
» Ses yeux étoient comme une flamme de
» feu ; il avoit sur la tête un grand nombre
» de diadèmes, et il portoit écrit un nom que
» personne autre que lui ne connoît.
» Il étoit vêtu d'une robe teinte de sang :
» et il s'appelle le Verbe de Dieu.
» Les armées qui sont dans le Ciel le sui-
» voient sur des chevaux blancs, vêtus d'un
» lin blanc et pur.
» Et il sortoit de sa bouche une épée tran-
» chante des deux côtés, pour frapper les na-
» tions ; et il les gouvernera avec une verge
» de fer ; et c'est lui qui foule la cuve du vin
» de la colère du Dieu Tout-Puissant.

» Et il porte écrit sur son vêtement et sur
» sa cuisse : le Roi des Rois, le Seigneur des
» Dominateurs.

» Alors je vis un Ange debout dans le so-
» leil, qui cria d'une voix forte, en disant à
» tous les oiseaux qui voloient par le milieu
» de l'air : Venez et assemblez-vous pour as-
» sister au grand souper de Dieu.

» Pour manger la chair des Rois, et la chair
» des officiers; et la chair des forts; et la chair
» des chevaux et des cavaliers; et la chair de
» tous les hommes libres et esclaves, petits et
» grands.

» Et je vis la Bête et les Rois de la terre,
» et leurs armées assemblées, pour faire la
» guerre à celui qui étoit sur le cheval et à
» son armée.

» Mais la Bête fut prise, et avec elle le
» faux Prophète, qui avoit fait des prodiges
» en sa présence; par lesquels il avoit séduit
» ceux qui avoient reçu le caractère de la Bête
» et adoré son image; et ces deux furent jetés
» tout vivans dans l'étang de feu et de soufre.

» Le reste fut tué par l'épée de celui qui
» étoit sur le cheval, et tous les oiseaux du Ciel
» se soulèrent de leur chair. »

Réfléchissez, comparez; le grand souper de
Dieu n'est pas ce qu'il y a de plus frappant.

Il ne fait que vous indiquer qu'il y a deux personnages dont l'un est le précurseur de l'autre.

Faites sur-tout attention à ces terribles paroles : *Et vivi missi sunt hi duo in stagnum ignis ardentis sulphure.*

« Et ces deux furent jetés tout vivans dans
» l'étang brûlant de feu et de soufre. »

Il y a un homme, et il y a des hommes qui ont mille fois mérité la mort, qui, cependant, vivent encore ; mais qui portent dans leur cœur un enfer anticipé ; qui sont ensevelis comme dans des brâsiers ardens; qui sont dévorés par les chagrins les plus amers ; qui sont agités par toutes les furies du Ténare ; qui éprouvent une rage semblable à celle des damnés ; qui trahissent à chaque instant l'affreux secret de leur ame ; qui font tous les efforts imaginables pour briser la chaîne de feu à laquelle ils sont attachés ; et qui ne se convertiront pas. Ne seroit-ce pas, parce qu'ils sont la figure et les avant-coureurs de deux hommes qui existeront à la fin du temps, et seront précipités *tout vivans* dans l'étang de feu et de soufre ? Est-il donc si difficile de comprendre qui est la Bête et qui sont les faux Prophètes de notre temps ! Cela est horrible, effroyable ! Oui, sans doute ; mais y a près de deux mille ans que cela est écrit.

VII.

FINALE.

Il est un Livre que les esprits vulgaires mblent dédaigner, et qui est rempli de beautés ravissantes ; un Livre, qui, au premier coup-d'œil, paroît incompréhensible, et dont les saintes obscurités se changent en vives clartés, à mesure que l'on se donne la peine de l'approfondir et de le méditer ; un Livre admirable, qui n'a cessé de fixer l'attention des plus grands génies, et qui fait les délices des ames célestes. C'est le Livre des révélations de saint Jean l'Évangéliste.

Un jour viendra que les Pasteurs et les Fidèles le liront avec avidité, et admireront les merveilles qu'il renferme. Alors seront dissipées les fausses préventions et toutes les défaveurs que l'esprit de frivolité et d'incrédulité a répandues sur ce Livre sublime, qui porte, à chaque page, l'empreinte de la divinité, qui est un trésor caché aux yeux des profanes ; mais qui est une ressource inépuisable d'instructions et de consolations pour les ames qui ont la trempe de la véritable piété ; pour ceux qui cherchent la science dans les écrits des hommes inspirés, et qui ont l'esprit de comprendre qu'une seule page de l'Ecriture bien méditée et bien approfondie répandra dans l'esprit de l'homme plus de lumières que la lecture de tous les Orateurs et de tous les Poëtes si vantés de l'antiquité païenne.

On sait d'avance que la présente interprétation n'obtiendra pas le suffrage d'un grand nombre de personnes estimables et fort éclairées ; mais leur sentiment n'empêchera pas qu'elle ne soit très-juste et très-véritable. Le temps est proche, où l'on comprendra qu'il n'est pas nécessaire d'être Prophète, pour expliquer les prophéties du Disciple bien-aimé. On sera tout étonné de la précision et de la clarté de ses prédictions, et peut-être le trouvera-t-on encore plus admirable qu'Isaïe et Daniel.

Cela veut dire, en d'autres termes, que l'Apocalypse sera un jour regardé comme le chef-d'œuvre du St.-Esprit, et comme le plus magnifique monument de l'Eglise de J. C.

En attendant voici, en dernière analyse, ce que nous croyons avoir apperçu dans ce Livre mystérieux.

1.º Un nouvel Ange est descendu du Ciel pour venir enchaîner Satan. Le monstrueux serpent aura beau se débattre contre l'Envoyé céleste ; malgré tous les efforts de sa rage, il sera pris, lié, garotté, relégué dans son empire infernal jusqu'au jour fixé dans les décrets éternels.

2.º Tous les précurseurs de l'homme de péché qui doit arriver à la fin des siècles, ont paru. Il n'y aura plus de Sennachérib, d'Holopherne, d'Antiochus, de Néron, de Domitien, d'Arius, de Julien, de Mahomet, de Luther, d'Apollyon. Le premier Gog qui paroîtra sera l'Ante-Christ en personne.

3.º Les orgueilleux Philosophes de nos jours, qui se sont crus plus fins et plus adroits que les impies des siècles antérieurs, ne tarderont pas à être eux-mêmes parfaitement convaincus, que tous leurs longs et immenses travaux n'ont pu effacer une seule lettre de l'Evangile ; qu'ils n'ont obtenu aucun autre succès, aucun autre triomphe, sinon d'avoir peuplé la terre d'apostats et de scélérats, et d'avoir commis des crimes inutiles.

4.º Les illuminés, les conspirateurs, tous les grands jongleurs qui composoient le conseil de Satan, et qui ont si mauvaise grâce de vouloir encore faire les fiers, se voyant abandonnés de leurs adeptes subalternes, dans l'impossibilité de faire de nouvelles dupes ; honteusement démasqués aux yeux de toutes les nations ; couverts d'opprobre et d'infamie ; convaincus de n'avoir que l'ineptie et la scélératesse en partage , prendront incessamment le sage parti de plier bagage et de se retirer dans leurs antres ténébreux , pour se mordre la langue , en attendant qu'ils aillent dans l'autre monde apprendre , par eux-mêmes , ce qu'il faut penser de la vie future. Il est à présumer , d'après la mauvaise réussite du dernier complot qu'ils viennent de faire éclater, que leur retraite ne tardera pas à s'effectuer. Du reste , si la justice des hommes a voulu les épargner , il est manifeste que la justice divine les poursuit à outrance. Ils sont tellement frappés d'aveuglement , qu'ils se laissent prendre dans leurs propres piéges ; tout ce qu'ils entreprennent encore , ne sert qu'à mettre le comble à leur chagrin et à leur désespoir. Si donc ils avalent la coupe lentemènt , c'est afin qu'elle devienne plus amère , et qu'ils soient eux-mêmes épouvantés par l'horreur et l'énormité de leurs attentats. Encore trop heureux s'ils étoient capables de s'en repentir ! ! !

5.° La Religion Catholique , Apostolique et Romaine, régnera, sur-tout dans notre patrie chérie. Les lys , pour avoir été obscurcis pendant quelques années, n'en deviendront

que plus purs et plus éclatans. Les enfans
de Dieu chanteront le Cantique de louange
et d'actions de grâces, au sortir de l'esclavage :
*Cantemus Domino : gloriosè enim magnifica-
tus est.* Les enfans de Babylone frémiront de
rage d'entendre toujours enseigner. . . . .
qu'il y a un enfer éternel pour les blasphé-
mateurs , les libertins et les voleurs.

Fin de la deuxième et dernière Partie.

A V I S.

Cette seconde Partie se vendra séparément aux
Personnes qui ont déjà acheté la première.

www.ingramcontent.com/pod-product-compliance
Lightning Source LLC
LaVergne TN
LVHW012324170726
843503LV00002B/746